よくわかる
投資協定と仲裁

フレッシュフィールズブルックハウス
デリンガー法律事務所 ［編］

Freshfields Bruckhaus Deringer

商事法務

はじめに

◆「投資仲裁」とは

「投資仲裁」は、多くの方にとって耳慣れない言葉かもしれません。一言で表すと、「投資した企業と投資先の国との間で行われる、主に、条約に基づく仲裁」です。「投資協定仲裁」とも言われます。一般的な仲裁が、当事者間の仲裁合意に基づいて行われるのに対し、投資（協定）仲裁は、国と国との条約に基づいて行われる点に特徴があります。巨額の投資をして掘り当てた油田が、投資先の国に収用されてしまったような場合に、石油会社の本国と収用した国の間の条約（投資協定）で、投資家に仲裁を申し立てる権利が認められていれば、その石油会社は、収用した国を相手に仲裁を申し立てることができます。これが本書で解説する「投資仲裁」の古典的な例です。

◆ 軍事力による保護から「投資協定」による保護へ

帝国主義の時代には、投資家の権利は、投資家の国の軍事力によって守られていました。しかし、第二次世界大戦の終結とともに、そうした時代は過ぎ去りました。軍事力に代わる投資保護の仕組みが期待される中で生まれたのが、「投資協定」です。投資先の国が、自国への投資を促進するために、投資の保護を約束し、それに違反した場合には、仲裁によって紛争を解決することを認める条約（投資協定）が締結されるようになりました。

1959年に結ばれた西ドイツ・パキスタン間の投資協定を皮切りに、国際的な投資が活発になるにつれて、こうした協定は急速に増加し、2018年までに、世界全体では、3,300を超える投資協定が締結されました。こうした協定の締結に熱心な中国やドイツなどは、それぞれ100以上の国とこうした協定を結んでいます。

はじめに

◆ 急増する日本の「投資協定」

　従来、日本は、「輸出立国」を標榜し、企業が海外への直接投資にあまり意欲的ではなかったこともあり、政府が、こうした協定の締結に積極的になったのは比較的最近のことです。2018年現在で、日本が個別に締結している投資協定は、40あまりですが、日本政府は世界の趨勢に乗り遅れまいと、2020年までに100ヶ国との投資協定の締結を国家戦略として掲げ、様々な国と精力的に交渉を進めています。多国間の条約にも積極的で、アメリカの離脱で存続が危ぶまれていた環太平洋パートナーシップ（TPP）協定は、日本の主導の下、2018年3月に、アメリカを除く11ヶ国で署名された、いわゆるTPP11（環太平洋パートナーシップに関する包括的及び先進的な協定、CPTPP）に引き継がれ、発効が待たれています。日本とヨーロッパ連合（EU）の経済連携協定（EPA）は、投資分野を分離する形ですが、2018年7月、署名に至るなど各国とのめまぐるしい交渉が続けられています。

　投資協定が増えるに伴い、投資仲裁の申立件数も増えています。2017年までに申し立てられた投資仲裁の件数は、累計で800件を超えました。特に、欧米諸国の企業が制度の利用に積極的で、最近では、これまで多かった新興国に対する申立てだけでなく、スペインやイタリアなど先進国に対する申立ても急増しています。再生可能エネルギー分野では、既に40もの企業がスペインに対して、投資協定仲裁を申し立てました。その中には、日本企業も複数含まれています。経済のグローバル化が進行する中で、投資仲裁によって損失の回復を図る企業が増えています。

◆「投資仲裁」に備える

　このように近年では、日本企業による投資仲裁の戦略的活用も始まっています。投資仲裁を申し立てるには、基本的に投資先の国と日本との間に投資協定が結ばれていなければなりません。海外投資を行う場合には、検討段階から、投資仲裁を見据えて投資の仕組みを整えることが求められる時代になったのです。

　本書では、私たちが投資仲裁事件に従事してきた経験を基に、投資協

定は何を守ってくれるのか、投資仲裁で認められる賠償金の額はどの程度か、仲裁手続きはどのように進められるのか、どのような費用がかかるのか、といった実務上関心の高い点について解説しました。なお、本書中の意見にわたる部分は各執筆者の私見であり、所属する組織の見解を表すものではありません。

また、本書内で紹介した事件や投資協定の締結の状況などは2018年7月現在のものです。

政府の努力もあって、日本企業が利用できる投資協定はますます増えていくでしょう。特に、エネルギー、インフラストラクチャー、資源開発などにおいては、投資協定の戦略的活用が重要であり、海外投資の計画段階から、投資協定による保護が受けられるかどうかを検討しておくことが不可欠です。本書が、そのお役に立てば幸いです。

本書の公刊に当たっては、株式会社商事法務の岩佐智樹氏、下稲葉かすみ氏、辻有里香氏に大変お世話になりました。この場をお借りして心より感謝申し上げます。

2018年7月

弁護士　緑川　芳江

●目　次●

はじめに

第1章　投資協定仲裁の重要性
第1節　海外投資のリスクをどう軽減するか………………………………… 2
投資にリスクはつきもの（2）
紛争解決手段としての国際仲裁（3）　投資協定仲裁の仕組み（4）
第2節　急増する投資協定仲裁 ……………………………………………… 5
投資協定仲裁の申立て件数（5）　投資協定仲裁が急増する理由（6）
紛争が多い国と地域（8）　投資紛争が多い産業分野（9）
第3節　投資協定による投資家保護の仕組み……………………………… 11
投資家保護の歴史（11）　投資協定の始まり（12）
第4節　日本企業による投資協定仲裁の活用例 ………………………… 13
日本企業も投資協定仲裁を使い始めている（13）
最初の事件——Saluka Investments BV 対 チェコ（13）
東南アジアでの資源開発に関する紛争——投資仲裁が強力なレバレッジとして機能（15）
ヨーロッパでの再生可能エネルギー分野への投資——エネルギー憲章条約（ECT）が強力な武器に（16）

第2章　投資仲裁の仕組みと投資ストラクチャーの重要性
第1節　投資仲裁を使えるのはどのような場合か………………………… 22
投資家の勝率は約5割（22）　投資仲裁の根拠になるのは3種類（23）
第2節　投資仲裁の根拠となる投資協定…………………………………… 25
日本が締結している投資協定（25）
発効済みの投資協定のうち投資仲裁が使えるのは約40ヶ国（25）

　　　　交渉中の投資協定（26）　　エネルギー憲章条約（ECT）（28）
　　　　環太平洋パートナーシップ（TPP）協定の行方（29）
　　　　投資協定の保護の対象（30）　　投資協定による保護の内容（31）
　　　　投資協定の紛争解決条項（31）
　第3節　投資協定に基づく投資仲裁……………………………………………… 32
　　　　投資協定に基づく投資仲裁（32）　　ICSID 仲裁とは（32）
　　　　ICSID 仲裁の特徴（33）　　投資協定仲裁の適用法（35）
　第4節　投資契約・国内法に基づく投資仲裁…………………………………… 37
　　　　投資契約に基づく投資仲裁（37）　　国内法に基づく投資仲裁はまれ（38）
　第5節　投資ストラクチャーの重要性 ……………………………………… 40
　　　　投資を計画する際に確認すべきこと（40）
　　　　日本企業として投資する場合（41）　　外国子会社を活用する場合（41）
　　　　外国子会社の活用例——Saluka Investments BV 対 チェコ（41）
　　　　どの国の子会社を通じて投資すべきか（42）
　　　　子会社を通じた投資のケース・スタディ——投資協定の比較（43）
　　　　既存投資のリストラクチャリング（45）
　　　　リストラクチャリングが成功した例——ConocoPhillips Petrozuata BV
　　　　　対 ベネズエラ（45）
　　　　リストラクチャリングの失敗例——Philip Morris Asia Ltd. 対 オースト
　　　　　ラリア（46）
　　　　外国投資に見せかけるためのリストラクチャリング——Phoenix Action,
　　　　　Ltd. 対 チェコ（47）

第3章　投資はどのように保護されるか
　第1節　はじめに ………………………………………………………………… 52
　　　　投資家保護の主な内容と損害額の算定（52）
　第2節　公正かつ衡平な待遇（Fair and Equitable Treatment）…………… 53
　　　　「公正かつ衡平な待遇」とは（53）
　　　　「公正かつ衡平な待遇」の具体的内容（54）

v

　　　　差別的な取扱いが問題となった例——Saluka Investments BV 対
　　　　　チェコ（55）
　　　　制度変更が問題になった例——CMS Gas Transmission Company 対
　　　　　アルゼンチン（56）
第3節　違法な収用の禁止 ································· 58
　　　　「違法な収用」の禁止とは（58）　　「違法な収用」の典型例（60）
　　　　「違法な収用」は国有化だけではない（60）
　　　　「しのびよる収用」とされた例——Crystallex International Corporation
　　　　　対 ベネズエラ（61）
　　　　単体の行為による収用と「しのびよる収用」の両方が問題になった例
　　　　　——Burlington Resources Inc. 対 エクアドル（62）
第4節　アンブレラ条項 ····································· 64
　　　　「アンブレラ条項」とは（64）
　　　　契約違反はアンブレラ条項違反にならないとした例——SGS 対
　　　　　パキスタン（65）
　　　　契約違反はアンブレラ条項違反になるとした例——SGS 対
　　　　　フィリピン（67）
第5節　十分な保護および保障 ························· 70
　　　　「十分な保護および保障」とは（70）
　　　　「十分な保護および保障」の義務に反するとされた例
　　　　　——Wena Hotels Ltd. 対 エジプト（70）
第6節　内国民待遇 ·· 73
　　　　「内国民待遇」とは（73）
　　　　「内国民待遇」違反とされた例——S. D. Myers, Inc. 対 カナダ（74）
第7節　損害額の算定 ·· 77
　　　　投資協定仲裁における損害賠償（77）
　　　　投資協定上の損害賠償の算定基準（77）
　　　　完全賠償の原則（full reparation）——ホジュフ工場事件（78）
　　　　公正市場価格（fair market value）（78）　　主な算定方法（79）
　　　　DCF 方式が適切な場合とは（80）

サンクコスト方式が適切な場合とは（81）　精神的損害（81）
　　　損害算定の専門家（82）

第4章　投資受入国の反論

第1節　管轄などを争う「先決的抗弁」 …………………………………… 88
　　　投資受入国の反論（88）　仲裁廷の「管轄」とは（88）

第2節　「投資」と「投資家」に関する反論 …………………………… 90
　　　保護される「投資」と「投資家」とは（90）
　　　投資協定上の「投資」とは（91）
　　　ICSID 条約上の「投資」とは（94）　国内法違反の「投資」（96）
　　　投資協定上の「投資家」とは（98）　「投資家」が自然人の場合（99）
　　　ICSID 条約上の「投資家」とは（101）

第3節　仲裁申立ての時期に関する反論 ………………………………… 102
　　　早すぎる申立て——待機期間の問題（102）
　　　待機期間が経過したかどうかが争われた例——Burlington Resources Inc.
　　　　対　エクアドル（103）
　　　遅すぎる申立て——期間制限の問題（103）
　　　Fork in the road 条項にも注意（104）
　　　Triple identity test が用いられた例（105）
　　　Fundamental basis 基準が用いられた例（106）

第4節　ほかの注意すべき反論 …………………………………………… 108
　　　権利濫用（108）　「利益否認」（denial of benefits）条項（108）
　　　利益否認の時期が遅すぎるとされた例——Ampal-American Israel
　　　　Corporation　対　エジプト（109）
　　　「適用除外」（カーブアウト）にも注意（111）
　　　課税措置に関する適用除外（111）
　　　健康保護や環境保護の適用除外（113）

第5章　ICSID仲裁の手続き——仲裁申立て前の交渉から仲裁判断の執行まで

第1節　CASE の検討（前編） …………………………………… 118
CASE 日本企業によるカナダでの投資（前編）（118）
日本企業によるカナダでの鉱山開発プロジェクト（118）
投資のリストラクチャリング（118）　紛争の発生（120）

第2節　仲裁の申立て——「勝てるかどうか」を確認する（メリットレビュー） …………………………………… 122
仲裁申立てまで（123）　ICSID 仲裁事件の登録（124）
CASE の検討——申立ての登録（125）

第3節　仲裁人の選任と忌避 …………………………………… 126
仲裁人の選任の重要性（126）　仲裁廷の構成（127）
仲裁人に求められる資質（128）
CASE の検討——仲裁人の忌避（129）

第4節　申立ての早期却下 …………………………………… 130
申立ての早期却下の仕組み（130）　早期却下が認められた例（131）
CASE の検討——早期却下（132）

第5節　先決的抗弁と段階審理（bifurcation）………………… 134
「管轄」に関する問題（134）　段階審理（bifurcation）（134）
CASE の検討——先決的抗弁の提出（135）

第6節　手続きの透明性 …………………………………… 136
透明性への要請の高まり（136）
主張書面や証拠の提出、ヒアリング手続き（137）
CASE の検討——透明性の要請が手続きに与える影響など（138）

第7節　CASE の検討（後編）…………………………………… 139
CASE 日本企業によるカナダでの投資（後編）（139）
仲裁判断以後の手続き（139）

第8節　仲裁判断後の選択肢 …………………………………… 141
ICSID 仲裁で仲裁判断後にできること（141）　訂正（141）
解釈（141）　再審（142）　取消し（143）
主な取消事由——仲裁廷の権限逸脱（144）

主な取消事由——手続きの基本原則からの重大な離反（145）
　　　主な取消事由——理由の欠如（145）
　　　取消しの手続き（146）　　執行停止（146）
　　　CASE の検討——仲裁判断の取消し（147）
　第 9 節　仲裁判断の執行 ………………………………………………… 149
　　　多くの国は任意の支払いに応じている（149）
　　　仲裁判断の「承認」と「執行」（149）
　　　ICSID 条約とニューヨーク条約（150）　　ICSID 条約に基づく執行（150）
　　　CASE の検討——ICSID 仲裁判断の執行（151）

第 6 章　仲裁の費用と投資紛争の将来

　第 1 節　はじめに ………………………………………………………… 158
　第 2 節　投資協定仲裁に要する費用 …………………………………… 159
　　　仲裁人の報酬・費用（159）　　仲裁機関の手数料など（159）
　　　代理人の報酬・費用（160）　　その他主張立証に関連する費用など（160）
　　　投資協定仲裁にかかる具体的金額は（161）
　　　投資協定仲裁費用の実例（163）
　第 3 節　費用管理のポイント …………………………………………… 164
　　　ポイントを押さえる（164）
　　　申立て前が勝負、「入り口」（管轄）の問題を発生させないための
　　　　工夫（164）
　　　適切な仲裁人を選任する（165）　　書面手続き段階での工夫（166）
　　　ヒアリング段階での費用管理（166）　　証人尋問での工夫（167）
　第 4 節　Third Party Funding——費用管理のための新たな選択肢 ……… 168
　　　Third Party Funding（TPF）とは（168）
　　　誰が TPF を活用しているのか（168）　　従来型の TPF（169）
　　　TPF の新たなモデル（170）
　　　専門ファンドによるデュー・ディリジェンス（171）
　　　アジアにおける近時の動向——シンガポールと香港（172）

第 5 節　投資協定仲裁の課題と投資裁判所システム（ICS） ………… 175
　　現行制度の課題（175）　　投資協定や ICSID 仲裁の見直し（175）
　　投資裁判所システム（ICS）構想（176）
　　ICS は投資紛争の解決手段の未来か（177）

おわりに ……………………………………………………………………… 180

●執筆者紹介●

〈執筆〉

緑川 芳江（みどりかわ・よしえ）
　弁護士（執筆当時、フレッシュフィールズブルックハウスデリンガー法律事務所）。訴訟・仲裁等国内外の紛争案件や国際取引を中心に企業法務全般を取り扱う。ICSID 仲裁のほか、主要仲裁規則（ICC、LCIA、SIAC、UNCITRAL など）による国際仲裁案件に従事する。
　東京大学法学部卒業・同法科大学院修了、コロンビア大学ロースクール（LL. M.）修了。2007年弁護士登録（第二東京弁護士会所属）。2015年ニューヨーク州弁護士登録。英国仲裁人協会メンバー（MCIArb）。

田中 太郎（たなか・たろう）
　フレッシュフィールズブルックハウスデリンガー法律事務所・東京オフィスのアソシエイト。国際仲裁、紛争解決、一般企業法務を専門とする。早稲田大学法学部卒業、慶應義塾大学法科大学院修了。2013年弁護士登録（第二東京弁護士会所属）。

大田 愛子（おおた・あいこ）
　のぞみ総合法律事務所のアソシエイト（執筆当時、フレッシュフィールズブルックハウスデリンガー法律事務所）。紛争解決、労働法、一般企業法務、不祥事対応を専門とする。一橋大学法学部卒業・同法科大学院修了。2015年弁護士登録（第二東京弁護士会所属）。

木下 昌彦（きのした・まさひこ）
　Vanguard Tokyo 法律事務所のアソシエイト（執筆当時、フレッシュフィールズブルックハウスデリンガー法律事務所）。紛争解決、不祥事調査、労働法を専門とする。早稲田大学法学部卒業、東京大学法科大学院修了。2015年弁護士登録（第二東京弁護士会所属）。

〈執筆協力〉

ニコラス・リンガード
　フレッシュフィールズブルックハウスデリンガー法律事務所・東京オフィスのパートナーで、アジア国際仲裁グループの代表を務める。投資協定仲裁および商事仲裁において幅広い経験を有し、石油・ガス、エネルギー分野における政治的な慎重さを要する交渉案件を専門とする。エネルギー憲章条約事務局の Legal Advisory Task Force の専門委員を務める。

オーストラリアのクイーンズランド大学卒業（ロースクールおよび日本語学科をいずれも首席で修了）、Frank Knox Memorial Fellow としてハーバード大学ロースクール（LL. M.）修了。オーストラリア最高裁判所長官である Honourable A. M. Gleeson AC のロー・クラークを務めた経験を有する。2006年ニューサウスウェールズ州（オーストラリア）弁護士登録、2010年ニューヨーク州弁護士登録。

岡田　和樹（おかだ・かずき）

Vanguard Tokyo 法律事務所のパートナー（執筆当時、フレッシュフィールズブルックハウスデリンガー法律事務所）。国際仲裁をはじめとした国際的な紛争処理に携わるほか、労働法、独占禁止法、金融関係法のアドバイスを専門とする。民事訴訟、労働法、国際的紛争の処理に関する斬新な論文を発表している。

一橋大学法学部卒業。1975年弁護士登録（第二東京弁護士会所属）。一橋大学法科大学院講師（国際ビジネスロー）、日本民事訴訟法学会会員。

山川　亜紀子（やまかわ・あきこ）

Vanguard Tokyo 法律事務所のパートナー（執筆当時、フレッシュフィールズブルックハウスデリンガー法律事務所）。国際仲裁、訴訟、紛争解決、労働法、金融商品取引法等の金融関係法等の金融関係法を専門とする。

東京大学法学部卒業、ハーバード大学ロースクール（LL. M.）修了。1999年弁護士登録（第一東京弁護士会所属）。2004年ニューヨーク州弁護士登録。

ワキーン・テルセーニョ

フレッシュフィールズブルックハウスデリンガー法律事務所・東京オフィスのカウンセル。複雑な国際紛争において世界中の企業ならびに国家を代理してきた経験が豊富。国際仲裁裁判所と米国連邦裁判所において、投資家対国家間紛争と商事紛争を手掛けてきた。国際仲裁に加えて、クロスボーダー破産、米国 RICO 訴訟等の経験も有する。

フォーダム大学ロースクールを修了、同校ではフォーダムローレビュー誌に参加し、また模擬法廷のキャプテンを務める。2008年ニューヨーク州弁護士登録。

ダニエル・アレン

フレッシュフィールズブルックハウスデリンガー法律事務所・東京オフィスのシニア・アソシエイト。国際仲裁および国際紛争解決を専門とし、投資協定仲裁や複雑な商業紛争に関する豊富な経験を有する。日本の大手国際貿易企業の法務部で勤務した経験を有する。

スタンフォード大学ロースクールを修了、同校ではスタンフォード国際法ジャーナル誌の編集長を務める。2012年ニューヨーク州弁護士登録。

高橋　茜莉（たかはし・せり）
　フレッシュフィールズブルックハウスデリンガー法律事務所・ドバイオフィスのアソシエイト。国際仲裁、国際紛争解決、一般企業法務を専門とし、建設紛争を含む複雑な商業紛争に関して豊富な経験を有する。東京大学法学部卒業・同法科大学院修了、コロンビア大学ロースクール（LL. M.）修了。2011年弁護士登録（第二東京弁護士会所属）。2017年ニューヨーク州司法試験合格。

第1章

投資協定仲裁の重要性

第1節
海外投資のリスクをどう軽減するか

◆ 投資にリスクはつきもの

「投資にリスクはつきもの」ですが、海外への投資となるとそのリスクは一層高まります。投資先の国の政権が交代して外国からの投資に対する政策が急変したり、場合によっては、政府に財産が収用されるということもあります。そうしたリスクがあると、企業が海外への投資を躊躇することになります。そこで、国際的な投資活動を促進するために、投資を受け入れる国と投資家がいる国が、投資を保護するための条約を結ぶことが多くなりました。二国間だけではなく、多国間で投資保護の条約が結ばれることもあります。こうした条約は、「投資協定」と呼ばれ、今では、世界中で、3,300を超える投資協定が結ばれています。多くの投資協定では、投資先の国が海外からの投資家を国内の投資家と比べて差別的に取り扱ったり、不当に財産を収用することなどが禁じられています。そして、投資先の国がこうした義務に違反した場合は、投資家が投資先の国を相手に仲裁を申し立てることができることになっています。投資協定を上手に使えば、海外での投資のリスクを低減することができます。欧米などの企業は、投資協定を使いこなし、発生した損失を投資先の国に請求することにも積極的です。

投資協定の保護を受けること自体には、費用はかかりません。投資協定による保護を考えずに海外進出するのはもったいない話です。投資する際に、投資協定の保護が受けられるように、投資の仕組みを整えておけば、問題が生じたときに投資先の国に損害の賠償を請求できることもあります。

どんなに綿密な投資計画を立てても、投資にリスクはつきものです。

投資保険をかけていても、損失が生じることもありえます。投資協定は、リスクに対処する重要な方法の1つです。当事務所は、投資協定による投資家の保護について、投資家はもちろん、投資を受け入れる国の政府にもアドバイスしてきました。日本企業による投資協定の戦略的活用は、まだ始まったばかりです。投資リスクに備える仕組みの1つとして、投資協定をより積極的に活用すべき時代になっています。

◆ **紛争解決手段としての国際仲裁**

投資協定に基づく仲裁は、国際仲裁の一種です。一般的な国際仲裁は、民間企業の間で行われます。たとえば、日本の会社がインドネシアの会社と合弁契約を結ぶとき、契約書に、紛争が生じた場合にどのような方法で解決するかを定めた「紛争解決条項」を規定します。紛争をどう解決するかを考える場合、まず思いつくのは裁判です。しかし、インドネシアの裁判所は、インドネシアの会社に有利な判断をする可能性があります。賄賂が判断を左右するのではないかという不安もあります。では、日本の裁判所であれば良いかというと、そうでもありません。というのは、日本の裁判所で勝訴判決を得ても、相手の会社の資産がインドネシアにしかなければ、インドネシアで判決を執行しなければならないからです。ところが、日本の裁判所の判決は、インドネシアでは執行できません。勝訴判決も執行できなければただの紙切れです。

そこで、紛争解決の手段として利用されるのが国際仲裁です。合弁契約書で、「紛争は、仲裁で解決する」と規定しておくのです。

国際仲裁の優れている点は、まず、判断を下す仲裁人を当事者が選べることです。仲裁人は、日本人でもインドネシア人でもない人を選ぶことにしておけば、中立性が保てます。さらに重要なのは、執行です。外国で下された仲裁判断の執行については、150ヶ国以上が加盟しているニューヨーク条約（外国仲裁判断の承認及び執行に関する条約）があり、ある加盟国で下された仲裁判断は、他の加盟国でも執行できることになっています。日本もインドネシアもこの条約に加盟しています。そのため、日本で行われた国際仲裁の判断は、インドネシアでも執行できるの

です。

　このように、中立性や執行可能性などの観点から、企業間の契約では、紛争解決の手段として、国際仲裁が使われるのが一般的です。投資協定による仲裁も広い意味では、こうした国際仲裁の一種ですが、国家間の協定に基づくため、手続きやその性格で異なる部分があります。そこで、ビジネス紛争に関する国際仲裁を「商事仲裁」と呼び、投資先の国を相手方とする投資紛争に関する仲裁を「投資協定仲裁」とか「投資仲裁」と呼ぶのが一般的です。

　商事仲裁については、当事務所編の『よくわかる国際仲裁』(商事法務、2014年)で説明していますので、詳しくはそちらをご覧ください。

◆ 投資協定仲裁の仕組み

　投資協定仲裁も国際仲裁の一種ですが、投資協定仲裁と一般の商事仲裁の一番大きな違いは、「仲裁合意」です。先ほども述べたように、仲裁を申し立てるには、当事者間に仲裁合意があることが必要です。たとえば、A国に投資した日本企業が、A国の制度変更で、投資財産の価値が大幅に下がってしまったとか、A国に石油プラントをつくって、これから操業しようというときになって、A国がそれを強制収用したとします。A国の裁判所で、その国の政府を訴えても勝てるとは思えません。仲裁で解決したいと思っても、A国と契約しているのでなければ、仲裁合意のしようがありません。しかし、日本とA国との間に投資協定があり、A国が、将来投資家が投資に関連した紛争を仲裁で解決することを、事前に同意していれば、実際に紛争が生じた際に、投資家は、投資協定に基づいて仲裁を申し立てることができます。

　マスコミなどで投資協定仲裁が報じられることもあって、最近では、日本企業も投資協定仲裁を活用し始めています。日本政府は、仲裁の根拠となる条項を含む投資協定を締結するべく多くの国と交渉を進めています。今後日本企業が海外に投資するに当たっては、投資協定仲裁を視野に入れておくことが重要です。

第2節 急増する投資協定仲裁

◆ 投資協定仲裁の申立て件数

図表1-1は2017年7月までに申し立てられた投資協定仲裁の件数の推移です。2000年頃から急増し、2017年7月までに累計で800件を超える申立てがなされています。

【図表1-1】 投資家・国家間の仲裁件数の推移

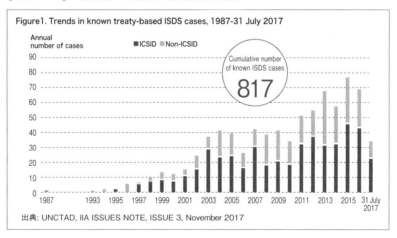

出典: UNCTAD, IIA ISSUES NOTE, ISSUE 3, November 2017

図表1-1では、グラフのタイトルに「ISDS」という記載があります。ISDSとは、「Investor-State Dispute Settlement」の略で、「投資家と国との間の紛争解決」という意味です。ISDSの典型は、投資協定に基づく仲裁ですが、契約による場合もあります。国家と投資家が投資契約を結んで、投資紛争を仲裁で解決する条項が置かれることがあるからです。そ

うした契約による仲裁も ISDS に含まれます。また、国によっては、国内法で、投資紛争について、国内裁判所への提訴のみならず、投資家の仲裁申立てを認めている場合もあります。このような国内法に基づく仲裁も ISDS に含まれます。

本書では、投資協定に基づく仲裁に加えて、投資契約や国内法による投資家と国家間の仲裁も含めて、「投資協定仲裁」、「投資仲裁」、または「ISDS」と呼びます。

◆ 投資協定仲裁が急増する理由

投資協定仲裁が増えた背景には、国際的な直接投資の増加があります。図表1-2のグラフは、国際的な投資額の推移です。金融危機などで縮小している時期もありますが、1990年代と比べると、投資額が大幅に増加しているのが分かります。

【図表1-2】 対外直接投資の増加（世界）

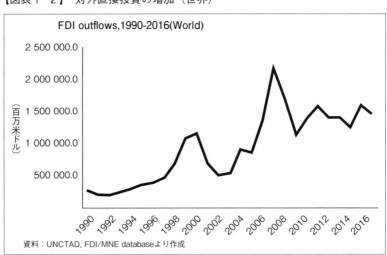

資料：UNCTAD, FDI/MNE databaseより作成

投資額の伸びに呼応するように、1990年代以降、投資協定の数も世界で急増しています。投資家の保護を図ろうという動きが広がっているの

です。こういった投資協定の広がりも2000年代以降の、投資協定仲裁の急増の理由です。

では、日本企業の海外投資はどうでしょうか。図表1-3のグラフを見ると、日本企業の投資も、1990年代と比べると、急激に増えています。2008年のリーマンショックの後は一時、投資額が落ち込みましたが、近年は、リーマンショック前の水準を上回っています。

【図表1-3】 対外直接投資の増加（日本）

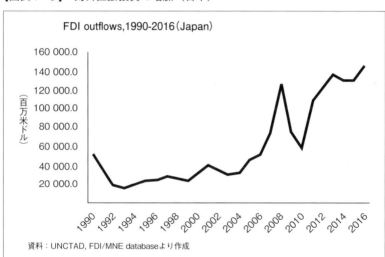

資料：UNCTAD, FDI/MNE databaseより作成

投資額が増える一方で、日本企業が申し立てた投資協定仲裁は、多くありません。公表されているのは、数件です。日本企業が投資協定仲裁を活用していない理由の1つは、投資協定仲裁自体があまり知られていないことです。また、制度としては知っていても、投資先の国を相手に仲裁を申し立てるのは、そう簡単ではありませんし、他のビジネスとの関係でも、政府と争いたくないという事情もあると思われます。

日本企業の仲裁申立て件数が少ないもう1つの理由は、日本が締結している投資協定自体が少ないことです。中国やドイツなどが100ヶ国以上の国々と投資協定を結んでいるのに対し、日本が結んでいるのは、約

40ヶ国に過ぎません。

　もっとも、日本政府の努力により、日本が締結している投資協定の数は、近年劇的に増えています。また、日本が締結している投資協定の数が少ないからといって、日本企業が投資協定仲裁を利用できないわけではありません。日本が投資協定を結んでいない国に投資する場合でも、投資協定を締結している第三国経由で投資すれば、その協定に基づいて仲裁を申し立てることができます。投資協定の活用を想定した投資方法については、第2章で詳しく説明します。紛争が生じた場合、投資協定で保護されているか否かによって、投資先の国との交渉力には雲泥の差が出ます。「紛争が生じても仲裁を申し立てるつもりがないから、投資協定は気にしない」ということにはなりません。投資協定は、相手国と交渉する場合でも強力な武器になるからです。すでに海外に投資している企業も、今のうちに、投資協定上の保護を得ることができるか確認しておくべきです。

◆ 紛争が多い国と地域

　投資に関する紛争が多い地域はどこでしょうか。どの分野でも「常連」というのはあるもので、投資協定仲裁においても、頻繁に仲裁を申し立てられている国があります。図表1－4のグラフを見ると、東欧と中央アジアが第1位で、旧共産圏の国に対する投資協定仲裁が多いことが分かります。

　次に多いのが南米です。アルゼンチンやベネズエラなどが代表で、多数の申立てがあります。さらに、最近の傾向として、新興国だけではなく、ヨーロッパの国（スペインやイタリアなど）に対する申立てが急増しています。スペインに対しては、これまでに再生可能エネルギーに関連する仲裁が約40件も申し立てられ、再生可能エネルギーの投資誘致制度の変更が投資協定違反となるかが争われています。2017年、2018年には、スペインに賠償金の支払いを命じる仲裁判断が相次いで出ています。

　日本企業は、旧共産圏、南米、ヨーロッパの国々にも投資しています。したがって、いざという時のために、投資協定仲裁が活用できるよう備

えが必要です。

【図表1-4】 投資紛争の多い国・地域

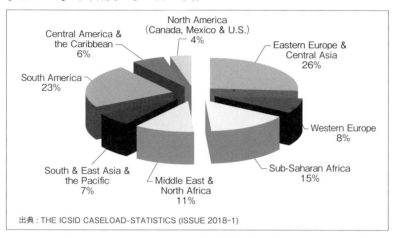

出典：THE ICSID CASELOAD-STATISTICS (ISSUE 2018-1)

◆ 投資紛争が多い産業分野

産業別で投資紛争が多い分野を示したのが、次の図表1-5のグラフです。一番紛争が多いのは、石油・ガスなどの資源に関連する分野で、電力・エネルギー関連の分野がこれに続いています。

【図表1-5】 投資紛争の多い産業分野

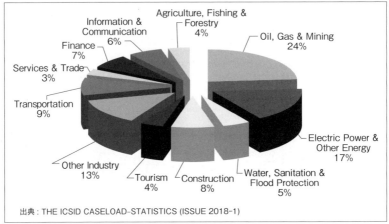

出典：THE ICSID CASELOAD-STATISTICS (ISSUE 2018-1)

　こうした分野は、大規模な投資が必要ですし、国家の規制が強く、制度変更により投資価値も大きく変動するため、国との間で紛争が生じがちです。日本企業も、資源開発などの分野にも積極的に投資しています。チャンスと同時にリスクもある市場だからこそ、投資協定による保護が受けられるようにしておくべきなのです。

第3節
投資協定による投資家保護の仕組み

◆ 投資家保護の歴史

　投資家が外国で投資する場合、紛争が発生した場合にどう対処するかを検討します。歴史的にはどのような方法があったでしょうか。
　帝国主義の時代には、「軍事力」が投資家を保護してくれました。第二次世界大戦後でも、イラン政府がイギリスの石油資本を接収したときは、クーデターが起こり政府が転覆されました。その裏では、イギリス政府の秘密機関が暗躍したといわれています。そのような時代が終わった後に投資家に残された手段の1つ目が、交渉です。
　投資家と投資先の国（「投資受入国」とか「ホスト国」と呼ぶこともあります）との間で紛争が生じた場合に、まずは、交渉による紛争解決を目指すことになります。しかし、交渉によって紛争が解決されるとは限りません。特に、外国投資家を敵視しているような国では、交渉による紛争解決は非常に困難です。たとえば、チャベス大統領時代のベネズエラでは、大統領自ら、「外資系企業を追放する」と公言していました。そうした国では、外国投資家が相手国の政府と交渉してもあまり意味がありません。
　2つ目が、投資受入国の裁判所の利用です。しかし、投資受入国の政府をその国の裁判所で訴えたとしても、裁判所が公正な判断をする可能性は高くありません。
　3つ目が、投資家の本国（日本企業であれば日本）による外交保護権です。これは、自国民が他国の国際法違反の行為で損害を受けた場合に、国が自国民を保護する権利です。しかし、外交保護権は、あくまで国家の権利で、国民（投資家）の権利ではありませんし、国が投資家のため

に、外交保護権を行使する保障もありません。仮に、本国が外交保護権を行使し、投資受入国から、損失補償を受けたとしても、投資家に返すべき国際法上の義務もないので、これによって、投資家が損失を回復できることは保障されていません。

　以上のように、こうした紛争解決手段は、いずれも投資家にとって不十分なものでした。そうした中で出てきたのが、投資協定による投資保護です。

◆ 投資協定の始まり

　最初の投資協定は、1959年に西ドイツとパキスタンとの間で結ばれた協定だといわれています。投資受入国が外国からの投資を保護する義務を負えば、投資家は安心して外国に投資できます。投資受入国としては、外国からの投資が増えれば、経済発展を期待できます。

　投資協定には、2ヶ国間で締結される二国間投資協定（Bilateral Investment Treaty：BIT）と、3ヶ国以上で締結される多国間投資協定（Multilateral Investment Treaty：MIT）があります。多国間投資協定として有名なのは、エネルギー分野に関するエネルギー憲章条約（ECT）で、約50ヶ国が加盟しています。また、投資に関係する条約には、投資保護だけでなく、貿易などより広い分野を対象にする「自由貿易協定」（FTA）、「経済連携協定」（EPA）、「地域貿易協定」（RTA）と呼ばれるものもあります。本書では、こうした条約に投資保護に関する規定がある場合には、これらを含めて、「投資協定」と呼びます。

第4節
日本企業による投資協定仲裁の活用例

◆ 日本企業も投資協定仲裁を使い始めている

　第2節で述べたとおり、日本企業が申し立てた投資協定仲裁の件数は、まだ少ないのですが、いくつか注目される事件もあります。ここで紹介するのは、公表されている事件です。投資協定仲裁は、国家が当事者になりますから、賠償金は税金から支払われます。そのため、手続きの透明性への要請が強く、一般の仲裁と異なり、投資仲裁の判断は、その多くが公表されています。そこで、他の事件の仲裁判断を通じて、他の国や他の企業の動向を知ることができるわけです。

◆ 最初の事件──Saluka Investments BV 対 チェコ

　Saluka事件は、日本企業が関与した初めての投資協定仲裁として有名です。単純化していますが、事案は、次の図表1-6のとおりで、野村證券グループの会社が、チェコ政府に対して仲裁を申し立て、2006年に仲裁判断が出ました。

　1990年代後半、野村證券は、オランダにある「Saluka」というグループ会社を通じて、チェコの4大銀行の1つである旧国営銀行（IPB）に投資していました。当時、4大銀行は、不良債権処理に苦慮していて、チェコ政府は、不良債権処理のために銀行に財政支援を行いました。ところが、支援にあたって、チェコ政府は、IPBを除外したのです。そこで、Salukaが、チェコ政府に対して仲裁を申し立てたという事案です。ちなみにチェコも、投資協定仲裁の常連国の1つで、申立てを受けた件数は、歴代3位です。

　ところで、日本とチェコとの間には投資協定はありません。したがっ

【図表1−6】 Saluka Investments BV 対 チェコ

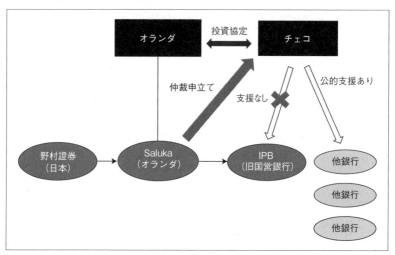

て、野村證券が、直接、チェコ政府に対して仲裁を申し立てることはできません。しかし、IPBに出資していたSalukaは、オランダ法人で、オランダとチェコとの間には投資協定がありました。そこで、Salukaが、この協定に基づいて、仲裁を申し立てたのです。

　この事件で中心的な争点となったのは、「公正かつ衡平な待遇」（Fair and Equitable Treatment）という原則です。多くの投資協定では、投資受入国の義務として、「公正かつ衡平な待遇」を定めています。「投資受入国は、公正かつ衡平に投資家を扱わなければならない」というものです。しかし、「公正かつ衡平」というだけではどのような義務か分かりません。当時、「公正かつ衡平な待遇」の意味は、まだ明確にはなっていませんでした。

　Saluka事件の仲裁判断では、「公正かつ衡平な待遇」とは、「投資家の正当な期待を保護するもの」という解釈が示されました。IPBだけが、国の財政支援の対象から外されたことが、差別的で、投資家であるSalukaの期待を裏切るものだとされたのです。この仲裁判断は、チェコ政府の協定違反を判断し、損害額については判断しませんでした。この

ような仲裁判断を「一部仲裁判断」と呼びますが、その後、チェコ政府とSalukaとの間で和解が成立し、Salukaは、多額の賠償金を得ました。

この仲裁判断は、政府の広範な行為が、投資協定上の義務の対象になることを示し、投資協定仲裁が活発化するきっかけになったともいわれています。

また、野村證券が、直接チェコに投資していたのであれば、仲裁を申し立てることはできなかったわけですので、投資方法（ストラクチャー）の重要性が示された事件でもあります。

◆ 東南アジアでの資源開発に関する紛争
　　――投資仲裁が強力なレバレッジとして機能

次は、合弁事業の解消に関する紛争です（図表1-7）。日本の企業連合（コンソーシアム）と、ある東南アジアの国が行っていた資源分野での長期の合弁が解消され、事業が国有化されることになりました。

【図表1-7】　合弁事業解消の例

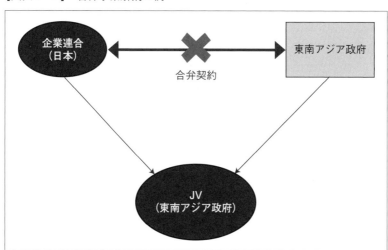

その過程で、日本側の持ち分の売却代金について、紛争になりました。

企業連合側が、投資協定仲裁の申立ても辞さない旨を通知したところ、交渉が妥結し、結局、投資協定仲裁には至らずに決着しました。

投資協定の保護は、仲裁の申立てに至らないとしても、交渉上の大きなレバレッジとして働きます。したがって、「国を相手に仲裁などという大仰なことはしないから投資協定について知る必要もない」ということはありません。「投資協定仲裁の申立て」という手段を持って交渉に臨めること自体が、投資家にとって大きなメリットなのです。

◆ ヨーロッパでの再生可能エネルギー分野への投資
——エネルギー憲章条約（ECT）が強力な武器に

最後に、再生可能エネルギー分野で、日本企業が、スペインに対して、投資協定仲裁を申し立てている例（図表1-8）を紹介します。

【図表1-8】 エネルギー憲章条約による仲裁の例

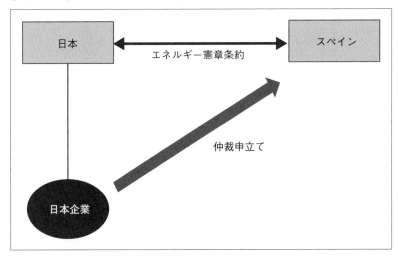

スペインでは、太陽光や風力など再生可能エネルギーの利用を促すために、電力会社に、再生可能エネルギーで発電された電気を、固定価格で買い取らせる制度が作られました。発電すれば固定価格で買い取って

もらえるので、外国からの発電事業への投資が活発化しました。その結果、「再生可能エネルギーバブル」ともいうような状態になりました。しかし、電力会社は、高い価格で買い取った分を電気料金に転嫁しなければならないのですが、経済危機の影響などで、それができず、大赤字になってしまいました。そのため、スペイン政府は、「買取価格の引き下げ」など、投資家に不利な条件変更を次々と実施しました。

　再生可能エネルギーによる発電事業への投資は、長い期間、安定して利益を上げることによって投資を回収する仕組みになっています。途中で制度が変更されたために、投資が回収できなくなった企業が続出しました。そうした企業が、スペイン政府に対して次々と投資協定仲裁を申し立て、その数はすでに40件にも及んでいます。

　この事件でも、こうした制度変更などが「公正かつ衡平な待遇」の原則に反するかどうかが中心的な争点となっています。政府が投資誘致策を打ち出して投資を呼び込んでいたにもかかわらず、途中で制度を廃止したというのは、制度が継続するという投資家の信頼を裏切ったのではないかということです。制度が変更されないということが投資家の正当な期待に含まれるのかどうか、というのが主な争点となっています。

　スペインに対しては、多くの投資家が仲裁を申し立てていますが、投資協定上の保護を受けられるかどうかというのは、投資家の本国、日本の企業であれば日本が、投資先の国と投資協定を結んでいるのかどうか、そして、その内容によります。ここでもやはり、十分な投資保護が受けられる投資ストラクチャーになっているか、という点が重要になります。日本とスペインとの間に投資協定はありませんが、日本企業が活用しているのは、エネルギー憲章条約（ECT）です。エネルギー憲章条約には、日本もスペインも加盟しており、日本企業はエネルギー憲章条約を使って、スペインに対して投資協定仲裁を申し立てることができました。エネルギー憲章条約の締約国は多数にのぼるので、二国間の投資協定が結ばれていない国との間でも投資協定仲裁を活用できる場面が広がります。エネルギー憲章条約が、日本企業にとって、強力な武器となることがこの事案からも分かります。

投資協定と仲裁 Q&A

Question　投資協定仲裁の利用が多い国

どの国の企業が積極的に投資協定仲裁を使っていますか？

Answer

図表1-9のとおり、投資協定仲裁を活発に利用しているのは欧米諸国の企業で、一番多いのは、アメリカ企業です。その他、オランダ、イギリス、ドイツなど、投資協定を多数結んでいる国の企業が多くの申立てをしています。ただし、第2章で説明するように税制上の理由や投資協定上の保護を受けるために、オランダ企業などを経由して投資していることもあるので、申し立てた企業を実質的に支配しているのは別の国の企業という場合もあります。

【図表1-9】　投資協定仲裁を活用している国

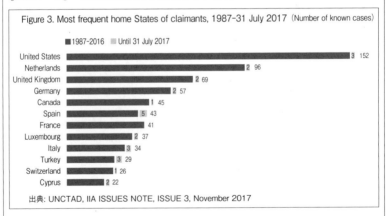

出典: UNCTAD, IIA ISSUES NOTE, ISSUE 3, November 2017

Question　ISDS条項が規定されていない場合の対応

日本とオーストラリアとの投資協定では、投資仲裁が定められていないようです。オーストラリアで、エネルギーに関する投資をしている場合、投資協定仲裁が使えるようにするには、オーストラリアと仲裁に関する条

項のある投資協定を結んでいる国に、新たに法人を設立するしかないのでしょうか。

> Answer

ご指摘のとおり、日本・オーストラリア間のEPA（経済連携協定）には、ISDS条項がありません。また、オーストラリアは、ISDS条項があるエネルギー憲章条約を批准していないので、この条約も使えません。

そのため、投資協定仲裁を活用するには、投資のストラクチャーを工夫する必要がありますが、必ずしも新たに法人を設立する必要はありません。たとえば、香港などオーストラリアとISDS条項を含む投資協定を締結している国にすでに子会社があれば、その法人を通じて投資することで投資協定仲裁を活用することができます。

ただし、既存の法人を活用するにせよ、新たに子会社を設立するにせよ、投資ストラクチャーを途中で変える場合、タイミングによっては、権利濫用とされることもありますので（第2章のPhilip Morris事件参照）、注意が必要です。

また、オーストラリアの裁判所は、新興国の裁判所と比較すると中立性があり、合理的判断をすると考えられるので、裁判所を活用するという選択もありえます。

さらに、オーストラリア側が応じるかどうかという問題はありますが、政府と投資契約を締結する場合には、契約でISDS条項を規定し、オーストラリアに対して投資仲裁を申し立てられるようにする方法もあります。

第 2 章

投資仲裁の仕組みと投資ストラクチャーの重要性

第1節
投資仲裁を使えるのはどのような場合か

◆ 投資家の勝率は約5割

投資仲裁における投資家の勝率は、図表2-1のとおり、約5割です。投資受入国の立場からすると、申し立てられた事件の半数近くで負けているということになります。そのため、投資仲裁は、投資受入国にとって大きな脅威になっています。したがって、実際に仲裁に至らない場合であっても、投資仲裁を申し立てることができること自体が、投資家にとって、投資受入国との交渉上大きな意味を持つことになります。

【図表2-1】 投資仲裁の結果内訳

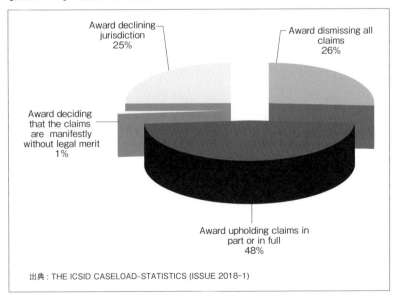

出典：THE ICSID CASELOAD-STATISTICS (ISSUE 2018-1)

◆ 投資仲裁の根拠になるのは3種類

　第1章でも簡単に触れましたが、投資仲裁を申し立てる根拠となるのは、大きく分けて3つあります。

　最も重要なのは、投資協定です。本書で重点的に取り上げるのも投資協定に基づく投資仲裁です。前述のとおり、現在、世界中で3,300を超える投資協定が締結されています（図表2-2）。最初の投資協定は、1959年に西ドイツとパキスタンとの間で締結された協定ですから、投資協定が約半世紀の間に急速に増加していることが分かります。こうした投資協定は、投資保護の内容や、紛争解決の方法を定めています。多くの投資協定において、紛争解決の方法として、仲裁が選択されています。

【図表2-2】　投資協定数の推移

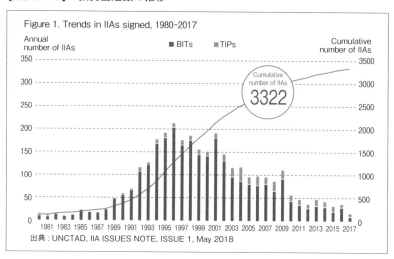

出典：UNCTAD, IIA ISSUES NOTE, ISSUE 1, May 2018

　2つ目は、外国投資家と投資受入国との間の投資契約の中に、投資仲裁の条項がある場合です。たとえば、国と民間企業の間で締結される空港・高速道路の建設運営に関する契約や資源開発に関する生産物分与契約などには、こうした条項が規定されることがあります。その場合は、一般の商事仲裁と同様に、この契約条項に基づいて、仲裁を申し立てる

ことができます。
　3つ目は、極めてまれですが、投資受入国の法律で投資仲裁が認められる場合です。

第2節
投資仲裁の根拠となる投資協定

◆ 日本が締結している投資協定

　投資協定は、投資家の海外投資のリスクを低減してくれます。投資受入国の立場からは、投資協定により、外国から投資を誘致して経済を発展させることできます。そのため、締結される投資協定の数は急速に増えてきました。中国やドイツなどのように投資協定の締結に積極的な国では、100を超える投資協定を締結しています。残念ながら、日本は、これまでは、投資協定の締結にはそれほど積極的でなく、個別に締結している投資協定は、50にも達していません。もっとも、近年、日本が締結している投資協定の数は、急激に増えています。また、あまり知られていませんが、台湾との間には、投資協定に類する「日台民間投資取決め」(「投資の自由化、促進及び保護に関する相互協力のための財団法人交流協会と亜東関係協会との間の取決め」、2011年) という合意が存在します。日本と台湾との間には国交がないため、民間の取決めになっていますが、その内容は、投資協定と大きな差異はありません。そのため、日本企業が台湾に投資する場合には、「日台民間投資取決め」によって投資協定類似の保護が受けられ、投資仲裁を申し立てることができます。

　次の図表2-3は、日本が投資協定を締結している国を示したものです。アメリカとの間では、TPP (環太平洋パートナーシップ) 協定が投資協定の役割を担うものと期待されていましたが、アメリカがTPPから離脱したことから、現在アメリカとの間で投資協定はありません。

◆ 発効済みの投資協定のうち投資仲裁が使えるのは約40ヶ国

　日本との間に発効済みの投資協定があり、投資家が投資仲裁を申し立

【図表2-3】 日本が締結している投資協定

- エジプト（1977/1978）（BIT）
- スリランカ（1982/1982）（BIT）
- 中国（1988/1989）（BIT）
- トルコ（1992/1993）（BIT）
- 香港（1997/1997）（BIT）
- バングラデシュ（1998/1999）（BIT）
- ロシア（1998/2000）（BIT）
- モンゴル（2001/2002）（BIT）
- パキスタン（1998/2002）（BIT）
- シンガポール（2002/2002）（EPA）
- 韓国（2002/2003）（BIT）
- ベトナム（2003/2004）（BIT）
- メキシコ（2004/2005）（EPA）
- マレーシア（2005/2006）（EPA）
- チリ（2007/2007）（EPA）
- タイ（2007/2007）（EPA）
- フィリピン（2006/2008）*（EPA）
- インドネシア（2007/2008）（EPA）
- カンボジア（2007/2008）（BIT）
- ブルネイ（2007/2008）（EPA）
- ラオス（2008/2008）（BIT）
- ウズベキスタン（2008/2009）（BIT）
- ペルー（2008/2009）（BIT）
- スイス（2009/2009）（EPA）
- ベトナム（2008/2009）（EPA）
- インド（2011/2011）（EPA）
- ペルー（2011/2012）（EPA）
- パプアニューギニア（2011/2014）（BIT）
- コロンビア（2011/2015）（BIT）
- 日中韓（2012/2014）（BIT）
- イラク（2012/2014）（BIT）
- クウェート（2012/2014）（BIT）
- サウジアラビア（2013/2017）（BIT）
- モザンビーク（2013/2014）（BIT）
- ミャンマー（2013/2014）（BIT）
- カザフスタン（2014/2015）（BIT）
- オーストラリア（2014/2015）*（EPA）
- ウクライナ（2015/2015）（BIT）
- モンゴル（2015/2016）（EPA）
- ウルグアイ（2015/2017）（BIT）
- オマーン（2015/2017）（BIT）
- イラン（2016/2017）（BIT）
- ケニア（2016/2017）（BIT）
- イスラエル（2017/2017）（BIT）
- アラブ首長国連邦（2018/—）（BIT）

カッコ内は（協定締結年/協定発効年）　　* ISDS条項が定められていない協定

てることができるのは、今のところ、約40ヶ国です。後述のエネルギー憲章条約（ECT）には、約50ヶ国が加盟しているのですが、保護の対象となる投資がエネルギー分野への投資に限定されています。そのため、これを除くと、日本が投資協定を締結しているのは、主にアジア圏の国で、ヨーロッパ、北アメリカ、南アメリカ、アフリカの諸国への投資には、あまり投資協定の保護が及んでいません。

◆ 交渉中の投資協定

投資協定の締結に必ずしも熱心とはいえなかった日本政府も、2020年までに100の国・地域との間で投資協定の署名・発効を目指すというアクションプラン（「投資関連協定の締結促進等投資環境整備に向けたアクションプラン」、2016年）を立てて、各国・地域と精力的に交渉を行っています。

図表2-4は、日本が投資協定の締結に向けて交渉中の国をまとめたものです。この表で「ASEAN」とあるのは、日本とASEAN（東南アジア諸国連合）の間の包括連携協定のことで、物品貿易分野については、すでに発効しています。積み残しになっている、サービスと投資の分野についても、2013年末に実質的な合意に達しています。「RCEP」とは、東アジア地域包括的経済連携のことで、ASEAN10ヶ国と6ヶ国（日本、中国、韓国、オーストラリア、ニュージーランド、インド）の間で締結を目指して交渉中です。

　積極的に交渉中とはいえ、現時点で締結済みの国は、約40ヶ国にとどまっていますから、2020年までに100の国・地域との締結というのは容易ではありません。日本が投資協定を締結している国が少ないということは、日本企業の投資が、投資協定の保護を受ける機会が少ないということを意味します。したがって、日本企業としては、海外に投資する場合

【図表2-4】　日本が交渉中の投資協定

	EPA/FTA
1	ASEAN（サービス投資章・実質合意）
2	コロンビア
3	日中韓
4	EU（署名）※
5	RCEP
6	トルコ
7	GCC（湾岸協力理事会）
8	韓国
9	カナダ

※投資保護・ISDSについては別途協議

	BIT
1	アンゴラ（大筋合意中断中）
2	アルゼンチン
3	アルジェリア
4	カタール
5	ガーナ
6	モロッコ（実質合意）
7	タンザニア
8	コートジボワール
9	アルメニア（実質合意）
10	トルクメニスタン
11	キルギス
12	ザンビア
13	ナイジェリア
14	ヨルダン（実質合意）
15	セネガル
16	バーレーン
17	ジョージア
18	タジキスタン

に、投資協定の保護が受けられるように投資の仕組み（ストラクチャー）を工夫する必要が出てきます。この点は、第5節で詳しく説明します。

◆ エネルギー憲章条約（ECT）

日本の企業がエネルギー分野に投資する場合には、エネルギー憲章条約（ECT）が強力な武器となります。エネルギー憲章条約は、エネルギー分野における投資の自由化・保護等を定めており、図表2-5のとおり、48ヶ国とEU（およびEUと加盟国が同じEuratom）が締約国になっています。

【図表2-5】 エネルギー憲章条約の締約国

・アフガニスタン	・エストニア	・ラトビア	・スロベニア
・アルバニア	・EUおよびEuratom	・リヒテンシュタイン	・スペイン
・アルメニア	・フィンランド	・リトアニア	・スウェーデン
・オーストラリア*	・フランス	・ルクセンブルグ	・スイス
・オーストリア	・ジョージア	・マルタ	・タジキスタン
・アゼルバイジャン	・ドイツ	・モルドバ	・マケドニア
・ベラルーシ*	・ギリシャ	・モンゴル	・トルコ
・ベルギー	・ハンガリー	・モンテネグロ	・トルクメニスタン
・ボスニア・ヘルツェゴビナ	・アイスランド	・オランダ	・ウクライナ
・ブルガリア	・アイルランド	・ノルウェー*	・イギリス
・クロアチア	・日本	・ポーランド	・ウズベキスタン
・キプロス	・カザフスタン	・ポルトガル	
・チェコ	・キルギスタン	・ルーマニア	
・デンマーク		・スロバキア	＊未批准国

エネルギー憲章条約は、旧ソ連の崩壊をきっかけに、1994年に締結された、旧ソ連圏の国々とのエネルギーに関する貿易や投資などに関する条約で、ヨーロッパの国々が多数加盟しています。保護の対象がエネルギー分野の投資に限られていますが、多くの国が参加しているので、日本との二国間投資協定が締結されていない国への投資でも、エネルギー憲章条約に基づいて投資協定仲裁を申し立てることができる場合があります。日本とヨーロッパの国々との間には、ほとんど投資協定が結ばれていないので、エネルギー憲章条約は重要です。第1章第4節で紹介し

た、日本企業がスペインに対して申し立てた投資協定仲裁も、エネルギー憲章条約に基づくものです。

◆ 環太平洋パートナーシップ（TPP）協定の行方

前記図表2-3では、アメリカのトランプ政権の発足で発効が暗礁に乗り上げてしまったTPPを除外しました。TPPには、図表2-6のとおり日本のほか、オーストラリア、カナダ、アメリカなど合計12ヶ国が参加しました。

【図表2-6】 TPP署名国

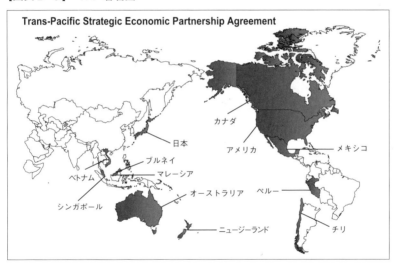

2016年2月のTPP正式署名後、日本は、2017年1月に効力発生のための国内手続きを完了しましたが、アメリカがトランプ政権になって、TPPから離脱を表明し、発効の目処が立たなくなりました。TPPが発効するには、TPP署名国全体の国内総生産（GDP）の合計の85％以上を占める、6ヶ国以上が批准することが必要ですが、単独で署名国全体のGDPの約6割を超えるアメリカが批准しないかぎり、発効要件を満たさないからです。

アメリカを除く11ヶ国は、いわゆる「TPP11」の発効を目指し、名前も新たに環太平洋パートナーシップに関する包括的及び先進的な協定（CPTPP）として交渉を進め、2018年3月には、TPPの大半の規定を引き継ぐ形で、日本を含む11ヶ国でCPTPPの署名に漕ぎつけました。CPTPPの早期発効が待たれています。他方、日本とアメリカの間では、TPPの枠組みを離れた二国間投資協定の締結に向けた交渉の可能性も指摘されており、今後の動向を見守っていく必要があります。

◆ 投資協定の保護の対象

投資協定の締結と交渉の状況は前述のとおりですが、次に、締結されている個別の投資協定の概要を説明します。投資協定の保護は、通常、「投資家」の「投資」（投資財産）に対して与えられると規定されています。したがって、誰が投資協定上の保護を受ける「投資家」に当たるのか、そして、何が投資協定上の保護を受ける「投資」に当たるのかについて理解しておくことが必要です。

通常、投資協定には、「投資家」の定義規定が置かれていています。たとえば、図表2-7の日本・モザンビーク間の投資協定のように、「締約国の投資家」には、企業と自然人の両方が含まれるのが一般的です。

【図表2-7】 日本・モザンビーク間の投資協定（抜粋）

第一条　定義 (b)　「締約国の投資家」とは、次の者であって、他方の締約国の区域内において投資を行おうとし、行っており、又は既に行ったものをいう。 (i)　締約国の関係法令によりその国籍を有する自然人 (ii)　締約国の企業

投資協定では、「投資」についても、定義が置かれていますが、多くの投資協定では、あらゆる種類の資産が含まれる規定になっています。したがって、現地の会社への出資や、不動産などだけでなく、特許権や契約上の権利なども投資協定の保護を受ける「投資」に含まれます。ただし、世界銀行の機関であるICSID（投資紛争解決国際センター）を利用す

る場合には、ICSID条約が定めている「投資家」と「投資」にも該当することが必要です。ICSIDについては、第3節、第4章、第5章で詳しく説明します。

　なお、投資協定の条文で、注意していただきたい点があります。本書では、便宜上、投資協定の条文を日本語で引用している箇所も多いのですが、実際に紛争が起きたり、投資協定の解釈が問題になる場合には、英語版に当たって条文を確認する必要があります。日本が締結している投資協定は、日本語でも作成され、日本語版も正本とされていますが、解釈が争われる場合には英語版にしたがうとされているからです。

◆ 投資協定による保護の内容

　投資協定には、締約国の「投資家」や「投資」に与えられる保護の内容が規定されています。これまでにも出てきた「公正かつ衡平な待遇」の原則などが、代表的な保護の内容ですが、詳しくは第3章で説明します。

◆ 投資協定の紛争解決条項

　日本が締結しているほぼすべての投資協定には、ISDS（Investor-State Dispute Settlement）条項（投資家と国との間の紛争解決条項）が置かれ、投資家が投資受入国に対して、直接、仲裁を申し立てることができることになっています。ただし、フィリピン、オーストラリアとの投資協定には、ISDS条項がないので注意が必要です。

　ISDS条項では、どの仲裁規則に基づく仲裁を活用することができるかについても定められています。最も一般的なのが、この後で説明するICSID仲裁です。ほかにはUNCITRAL（国連国際商取引法委員会）が採択したUNCITRAL規則による仲裁が定められていることが多いです。たとえば、日本・モザンビーク間の投資協定のISDS条項では、ICSID仲裁、UNCITRAL仲裁、後で説明するICSID追加規則による仲裁に加え、当事者間で合意すればほかの仲裁規則を選ぶこともできます。

第3節
投資協定に基づく投資仲裁

◆ 投資協定に基づく投資仲裁

　仲裁は、当事者間の「合意」に基づく紛争解決方法です。一般の仲裁の場合には、紛争を仲裁で解決するとの条項（仲裁条項）が契約書に規定されますが、投資協定仲裁の場合には、投資受入国と投資家との間に契約がなくても、仲裁を申し立てることができます。契約もないのに仲裁を申し立てることができるのは、条約の締結と、仲裁の申立てによって、仲裁の「合意」が成立すると考えられているからです。投資受入国は、「投資に関する紛争は仲裁により解決する」と定めた投資協定を締結することによって仲裁による紛争解決に同意します。投資家は、仲裁の申立てをすることによって（または、第4章で述べるトリガーレターの中で同意することによって）、仲裁による紛争解決に同意したことになる、というわけです。

◆ ICSID 仲裁とは

　投資協定による仲裁で、最も多く利用されている仲裁機関は、「投資紛争解決国際センター（International Centre for Settlement of Investment Disputes）」です。一般に、「ICSID（イクシッド）」と呼ばれています。ICSID は、世界銀行の傘下にある国際機関です。世界銀行から融資を受けている国が、ICSID の仲裁判断にしたがわないと、融資に影響が及ぶ可能性があるとされているため、ICSID の仲裁判断は、その多くが任意に履行されるといわれます。仲裁判断を裁判所で執行するには、時間も費用もかかります。任意の履行が期待できることは、ICSID 仲裁を利用する大きなメリットです。

ICSID仲裁を申し立てるには、投資受入国と投資家の本国の双方が、ICSID条約に加盟していることが必要です。ICSID条約とは、「国家と他の国家の国民との間の投資紛争の解決に関する条約」の略称で、「ワシントン条約」とも呼ばれます。ICSID条約は、150ヶ国以上の国々が締約していますから、多くの場合にICSID仲裁を利用できます。ICSID条約に基づく仲裁のことを「ICSID仲裁」と呼びますが、ICSID仲裁では、ICSID条約だけでなく、ICSID条約に基づくICSID仲裁規則も適用されます。

なお、投資受入国と投資家の本国の一方しかICSID条約に加盟していない場合でも、ICSIDの手続きを利用できる場合があります。それが、「ICSID追加規則」による仲裁です。日本はICSID条約の加盟国ですので、たとえ投資受入国がICSID条約に加盟していなくても、このICSID追加規則による仲裁を使うことができます。ICSID追加規則による仲裁は、ICSID条約に基づく仲裁ではないので、ICSID条約に基づく執行ができないなど違いはありますが、投資紛争を数多く扱っているICSIDの事務局のサポートを受けることができる便利な制度です。

◆ ICSID仲裁の特徴

ICSID仲裁を理解するために、次の図表2-8で、UNCITRAL仲裁と比較しながら、説明します。UNCITRAL仲裁とは、UNCITRAL（国連国際商取引法委員会）が採択したUNCITRAL規則による仲裁です。

まず、上記のとおり、ICSID仲裁を使うことができるのは、投資家の本国と投資受入国の両方がICSID条約の締約国である場合です。一方で、UNCITRAL仲裁には、そういった制限がありません。

次に、ICSID仲裁では、仲裁に関係する情報の一部が公開されます。投資仲裁は、国家と投資家間の紛争を取り扱いますから、国家の行為の違法性が問題になります。また、国家が負けると、最終的には税金から賠償金が支払われることになりますから、公益性も高く、透明性が要求されます。そのため、ICSID仲裁では、申し立てた投資家の会社名（個人名）や相手方の国の名前がICSIDのウェブサイトで公表されます。これ

【図表2-8】 ICSID仲裁とUNCITRAL仲裁

ICSID仲裁	UNCITRAL仲裁
・投資家の本国と投資受入国がICSID条約の締約国であることが必要(ただし、ICSID追加規則)	・ICSID条約非締約国との間でも利用可能
・申立ての登録等一定の情報、仲裁判断の理由付けの抜粋が公表される	・原則非公開。ただし、UNCITRAL透明性規則(2013年)による関連資料の公表がありうる
・仲裁判断の取消し手続きも、ICSID仲裁手続き内で行われ、国家の裁判所は関与しない	・仲裁判断の取消しの申立ては国家の裁判所に対して行う
・原則として国家の裁判所に保全措置を求めることはできない	・保全措置は、仲裁廷に求めることも、国家の裁判所に求めることもできる
・ICSID条約加盟国は仲裁判断を承認する義務を負い、ICSID条約に基づき執行可能	・ニューヨーク条約に基づく承認・執行(ただし、一定の承認拒絶事由あり)

に加えて、仲裁人の氏名や当事者を代理している法律事務所の名前も公表されます。そのため、第1章でも述べたように、多数の申立てを受けている国や多くの案件に関与している法律事務所が分かります。仲裁判断が出ると多くの場合、仲裁判断の全体が公表されますので、どんな事件だったのか、どちらが勝ったのか、賠償金がいくらだったのかということまで知ることができます。ただし、一定の情報が公開されるといっても、証人尋問などの手続きは基本的に非公開で、裁判のように誰でも傍聴できるわけではありません。

これに対して、UNCITRAL仲裁の場合、手続きは、基本的に非公開とされています。もっとも、実務上は、UNCITRAL仲裁も、非公式な形で仲裁判断などが公になることが多くあります。また、2013年には、国家が当事者となることから、手続きの透明性を高めるためのUNCITRAL透明性規則（UNCITRAL Rules on Transparency in Treaty-based Investor-State Arbitration）が定められました。UNCITRAL透明性規則が適用になるのは、原則として、2014年4月以降に署名された投資協定に基づく仲裁です。そのため、対象になる事件は、まだ、あまりありませんが、この規則が適用になる場合には、主張書面など仲裁手続きの関連文書は、原則として公開されることになるので、この点に注意が必要です。

さらに、裁判所の関与が極力排除されるということも ICSID 仲裁の特徴です。商事仲裁では、仲裁判断が出るまでの間に財産の凍結などが必要な場合には裁判所に保全措置を求めることができるのが一般的です。UNCITRAL 仲裁の場合も同じです。しかし、ICSID 仲裁の場合には、原則として裁判所に保全措置を求めることはできません。

また、商事仲裁では、仲裁廷に管轄権がないのに仲裁判断を出したような場合には、裁判所に対して、仲裁判断の「取消し」を求めることができます。UNCITRAL 仲裁の場合も同じです。しかし、ICSID 仲裁の場合には、仲裁判断の取消しも、ICSID 仲裁手続きの中で行う仕組みになっており、裁判所に取消しを求めることはできません。

最後は、仲裁判断の承認・執行に関する点です。ICSID 仲裁の仲裁判断は、ICSID 条約に基づく承認・執行ができます。UNCITRAL 仲裁の場合には、ニューヨーク条約に基づく承認・執行になります。ニューヨーク条約には、「公の秩序に反すること」など、裁判所が仲裁判断の承認を拒否できる事由が定められていますが、ICSID 条約には、承認拒絶事由の規定がありません。そのため、広く承認・執行できることになります。

◆ 投資協定仲裁の適用法

投資協定仲裁の場合、投資家が外国に投資した事案を扱うので、多くの場合、「法の適用」が問題になります。たとえば、投資受入国の行為（強制収用など）の違法性が争われる場合には、何に基づいて判断するのでしょうか。また、仲裁を申し立てるには、投資協定上、保護される「投資家」に該当しなければなりませんが、該当するか否かはどのように判断するのでしょうか。

まず、投資協定仲裁では、条約や国際法の一般原則などの国際法が判断の基準になります。日本・イスラエル間の投資協定では、「仲裁廷は、この協定及び関係する国際法の規則に従い、係争中の事案について決定する」（第24条第11項）と規定されており、投資協定や国際法が適用になることが確認されています。

ただし、国内法が問題になる場面もあります。たとえば、投資協定で

保護される「投資家」の定義では、国内法を基準としているのが一般的です。日本・イラン間の投資協定では、「締約国の投資家」とは、法人の場合、「締約国の法令に基づいて設立された企業」であることを求めています。したがって、イランで投資を行うある企業が、日本・イラン間の投資協定における「締約国（執筆者注：この例では日本）の投資家」に当たるかどうかは、会社法など日本の法律にしたがって判断することになります。

　また、「法の適用」に当たっては、過去の仲裁判断も重要な役割を果たしています。仲裁判断には先例拘束性はなく、同種の事案でも過去の仲裁判断と異なる判断がなされる可能性はありますが、事実上、大きな影響力があります。投資仲裁の場合、ほとんどの仲裁判断は公表されていますから、同種の事案について、理由もなく異なった判断をすれば、批判を受けます。そのため、当事者は、自己に有利な事件の仲裁判断を引用して主張しますし、仲裁廷も、そうした過去の仲裁判断を検討したうえで、判断することになります。

第4節
投資契約・国内法に基づく投資仲裁

◆ 投資契約に基づく投資仲裁

　先に説明したとおり、日本との間に投資協定が締結されていない国でも、投資仲裁が全く使えないということではありません。契約で投資仲裁を利用できるように定めることもできますし、極めてまれですが、国内法で投資仲裁の利用を認めている場合もあり、その場合には国内法を根拠に仲裁を申し立てることもできます。

　契約に基づく投資仲裁とは、投資家が、相手国と締結する投資契約の中で、投資に関する紛争を仲裁で解決するというISDS条項を挿入する方法です。日本との間に投資協定が締結されている場合でも、さらに、投資契約で投資仲裁について合意して、事案に応じて有利な方を使うということも可能です。

　次の図表2-9は、投資契約にISDS条項を定めた例です。まず、10.1項でこの契約に関して紛争が発生したときには、ICSID仲裁で解決することを定めています。

　一般的には、これだけを定めるISDS条項が多いのですが、ここでは、ICSID仲裁の管轄が認められない場合に備えて、10.3項で、ICSID仲裁が使えない場合には、ICC仲裁を使うことができることにしています。というのは、ICSID仲裁は、「投資」から直接に生じた紛争でないと管轄が認められないなど、一般の国際仲裁と比べて管轄が限定されているからです。ICSID仲裁の管轄が認められない場合に、投資受入国の裁判所で争うしかないという事態は、避けたいところです。そこで、ICSID仲裁の管轄が否定される場合には、ICC仲裁が使えるということを明記しているのです。

【図表 2-9】 ISDS 条項の例

> Article 10. Dispute resolution.
> 10.1 Any dispute arising out of or in connection with this Agreement (a **Dispute**) shall be referred to arbitration and finally settled in accordance with *the Rules of Procedure for Arbitration Proceedings of the International Centre for Settlement of Investment Disputes* (the **Centre**) established by the ICSID Convention (the **Convention**). The tribunal constituted pursuant to this Agreement shall consist of three arbitrators, one appointed by each party to the arbitration, and an arbitrator, who shall be president of the tribunal, appointed by agreement of the parties within 30 days of appointment by the respondent of its party-appointed arbitrator or, failing such agreement, by the Secretary-General of the Centre. The language to be used in the arbitration shall be English. Any hearings shall be in Singapore. 〔ICSID 仲裁〕
> 10.2 It is hereby stipulated that the transactions to which this Agreement relates are investments.
> 10.3 If the services of the Centre are unavailable to the Parties to any Dispute, such Dispute shall be referred to and finally settled by arbitration under *the Rules of Arbitration of the International Chamber of Commerce* from time to time in force, in which case:
>   (a) the number of arbitrators shall be three, one nominated by each party to the arbitration, and an arbitrator, who shall be president of the tribunal, nominated by the two party-appointed arbitrators;
>   (b) the seat or legal place of arbitration shall be Singapore; and 〔ICC 仲裁〕
>   (c) the language to be used in the arbitration shall be English.

　さらに、10.2項として、契約の対象になっている取引が、「投資」（investments）に該当することを確認する規定を置いていることにも意味があります。ICSID条約は、ICSID仲裁の対象を「投資」から直接生じた紛争に限定しています。そのため、投資受入国は、契約の対象が単なる「商取引」であって「投資」ではなく、その契約から生じた紛争は「投資」から直接生じた紛争には当たらず、ICSID仲裁の対象にならないと反論するおそれがあります。そこで、契約の対象になる取引が「投資」であることを明記して、投資受入国がこの点を争う余地を残さないようにしているのです。

◆ 国内法に基づく投資仲裁はまれ

　投資受入国の法律で投資仲裁が認められている場合には、国内法を根拠として投資仲裁を申し立てることができます。現在ではまれですが、

南米などでは、投資誘致のため、投資に関する紛争を仲裁で解決するという国内法を設けている国もありました。たとえば、ベネズエラでは、政府が国内の投資関連法に違反した場合には、外国投資家は、国内裁判所ではなく、仲裁を申し立てることができることになっていました。

投資契約や国内法に基づく投資仲裁の場合も、仲裁手続きは選択した仲裁規則にしたがって行われるので、投資協定に基づく投資仲裁の場合と同様です。

第5節
投資ストラクチャーの重要性

◆ 投資を計画する際に確認すべきこと

　前述のとおり、日本が締結している投資協定の数はまだ限られています。そのため、日本と投資協定を締結していない国に、日本企業として投資した場合には、何ら保護がありません。そこで、投資協定を使えるように投資のストラクチャーを工夫することが重要になります。投資を始めるときに検討するのはもちろんですが、すでに投資してしまっている場合にも、投資のストラクチャーを変更しておけば、後日、紛争が起こった際に、投資協定仲裁を使うことができます。

　投資協定仲裁を念頭において投資のストラクチャーを考える場合に確認しておくべきポイントは、3つあります。

　1つ目は、「日本が締結している投資協定を活用できるか」という点です。日本が締結している投資協定があれば、それを使うのが簡便です。ただし、締結していても、協定が発効しているかどうかを確認することも忘れてはいけません。

　2つ目は、「第三国と投資受入国との投資協定を活用するか」という点です。日本との間に投資協定がない場合には、第三国が投資受入国と結んでいる投資協定を使うことを考える必要があります。

　3つ目として、第三国が締結している投資協定の活用も難しい場合には、投資協定以外の保護も視野に入れる必要があります。たとえば、第4節で紹介した投資受入国との契約の中にISDS条項を規定する方法です。

　ここで指摘したのは、投資協定を使うという観点からの確認事項であり、投資の際に検討すべき重要事項は他にもあります。代表的なのは税

務上の検討です。税率はもちろんですが、二重課税を回避するための租税条約が使えるのかといった点も考慮すべきです。また、現地法人のつくりやすさも重要です。法人の設立に厳格な許認可手続きが必要であるとか、役員は現地に居住する人でなければならないなど、国によって様々な規制がありますから、その辺りも検討しておく必要があります。

こういった点を検討したうえで、投資先の国のリスクが高いと考えられる場合には、税務上の考慮よりも、投資協定が使えるストラクチャーにすることが重要という場合もあるかもしれません。投資仲裁では、数百億円規模の損害賠償が認められることもまれではありません。万が一に備えて、投資仲裁を使えるように投資協定を重視したストラクチャーにすることにも意味があります。

◆ 日本企業として投資する場合

ここでは、ストラクチャーについて、いくつかの場合に分けて検討します。まず、日本が投資協定を締結している場合です。たとえば、日本企業がモザンビークに投資する場合、日本とモザンビークの間では、2014年に発効した投資協定がありますので、いざというときは投資協定仲裁を申し立てることができます。

◆ 外国子会社を活用する場合

次は、日本企業が、日本との間に投資協定のない国に投資する場合です。まず、考えるべきなのは、すでにある子会社を活用できるかという点です。たとえば、次の図表２-10でいうと、日本と投資受入国（Ｂ国）との間には投資協定はありませんが、第三国（Ａ国）とＢ国との間には投資協定があります。仮に、Ａ国が、香港やシンガポールだとします。もし香港かシンガポールに子会社があれば、その子会社を通じてＢ国に投資をすることで投資協定上の保護を受けることができます。

◆ 外国子会社の活用例──Saluka Investments BV 対 チェコ

第１章で紹介したSaluka事件は、日本企業が初めて投資仲裁に関与

【図表2-10】 子会社を活用した投資ストラクチャー

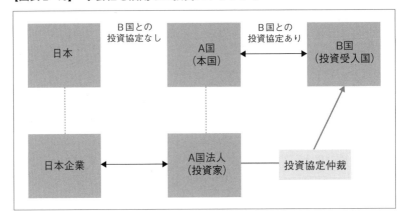

したとされるものですが、投資ストラクチャーの重要性が改めて確認された事件でもあります。当初、野村證券は、海外のグループ会社を通じて、チェコの銀行に投資していました。しかし、途中でオランダ法人に投資主体を変更しました。そのオランダ法人がSalukaという特定目的会社（SPC）でした。そのSPCを通じて、チェコの銀行に投資していたところ紛争が生じて、チェコに対して投資仲裁を申し立てることが可能になったわけです。

チェコ側は、Salukaはペーパーカンパニーに過ぎないので、「投資家」には該当しないと反論しましたが、仲裁廷は、ペーパーカンパニーでも、オランダ・チェコ間の投資協定上、「投資家」としての要件を満たす、と判断しました。

ただ、ペーパーカンパニーが投資協定で保護される「投資家」に当たるかどうかは、投資協定によって規定が異なり、保護の対象から外されている場合もあるので、実際にストラクチャーを検討する場合には、個別の投資協定を分析することが必要です。

◆ どの国の子会社を通じて投資すべきか

投資ストラクチャーを検討する際、どの投資協定を利用すべきかを、

もう少し具体的に検討します。

投資受入国は、いろいろな国と投資協定を締結していますので、その中で最も有利な内容を規定している投資協定を選ぶことが大切です。投資協定は、二国間で結ばれるのが普通ですが、交渉の産物ですし、締結の時期によって流行り廃りがあったりもしますので、協定によって内容が異なります。

◆ 子会社を通じた投資のケース・スタディ──投資協定の比較

ここで、投資家に有利な投資協定を選ぶためのポイントを仮想事例で検討します。たとえば、日本企業がガーナで、エネルギー分野での投資を検討しているとします。

まず、日本とガーナとの間では、投資協定は締結されていません。また、残念ながら、ガーナは、エネルギー憲章条約（ECT）にも加盟していません。そこで、ガーナが、他の国と締結している投資協定を検討することになります。ガーナは、20数ヶ国と投資協定を結んでいますが、発効しているのは、わずか数ヶ国との投資協定です。図表 2-11ではこのうちの3つ、オランダ、イギリス、スイスとの投資協定の内容を比較し

【図表 2-11】　ガーナの投資協定の比較

締結/発効	オランダ 1989/1991	イギリス 1989/1991	スイス 1991/1993
「投資」の範囲	広い（例示列挙）	広い（例示列挙）	広い（例示列挙）
「投資家」の範囲（法人）	設立準拠法を基準とする（その他締約国に所在し、締約国の国民が支配する法人も含む）	設立準拠法を基準とする	設立準拠法に加え、実際の経済活動などを要求している
最恵国待遇	あり	あり	あり
ISDS条項	仲裁・調停 (ICSID/UNCITRAL/その他)	仲裁のみ (ICSID/UNCITRAL/その他)	仲裁・調停 (ICSID/UNCITRAL/その他)
待機期間	6ヶ月	3ヶ月	6ヶ月

ています。

　まず、保護される「投資」の定義は、いずれも、例示列挙で広くカバーされていますので、特に違いはありません。保護の内容として「最恵国待遇」の有無を比較してみましたが、どの投資協定でも規定されているので、この点でも違いはありません。保護の内容として「最恵国待遇」とは、投資受入国が、他の国の投資家と比べて不利でない待遇を与えることを義務づけるものです。

　違いがあるのは、保護される「投資家」の範囲です。法人に絞って検討すると、オランダとイギリスがそれぞれガーナと結んでいる投資協定は、基本的に、設立準拠法に注目しています。ガーナで投資するのが、オランダ法人かイギリス法人であれば、保護される「投資家」に該当しますから、ペーパーカンパニーでも良いということになります。

　他方、スイスとガーナの投資協定は、設立準拠法だけではなく、実際の経済活動などにも注目しています。つまり、スイス法人でありさえすれば、「投資家」として認められるのではなく、実際にスイスで経済活動をしていることなどが要求されています。そうすると、先ほどのSalukaのようなSPCでは、スイスで実際の経済活動を行っていないので、「投資家」には当たらないとされてしまうのです。したがって、SPCを通じてガーナに投資する場合には、スイス経由での投資は避けたほうが良いということになります。

　最後に、紛争解決については、どの投資協定にもISDS条項があり、投資協定仲裁を活用できることになっています。さらに、ガーナ・オランダ間の投資協定とガーナ・スイス間の投資協定では、調停も規定されています。調停も選択肢に入れておきたい場合には、こちらを選ぶ方が良いことになります。

　なお、待機期間というのは、紛争が起こった時に、仲裁申立ての前に、話し合いによる解決を試みることが要求されている期間のことです。6ヶ月程度の場合が多いのですが、ガーナ・イギリス間の投資協定では3ヶ月になっていますから、そちらを選べば紛争解決の期間が多少短縮できます。

◆ 既存投資のリストラクチャリング

　先ほども述べたとおり、投資協定がない国に投資してしまったという場合でも、再検討の余地はあります。実務上、投資を行った後に投資のストラクチャーを変更（リストラクチャリング）して投資仲裁を申し立てることも認められています。ただし、リストラクチャリングの場合には、タイミングが非常に重要になってきます。

　紛争が予見される前であれば、リストラクチャリングも許容されますが、紛争が予見されるようになってから、慌ててリストラクチャリングをした場合には、仲裁申立てが権利濫用とされているので、何か起こる前に対処しておかなくてはなりません。

◆ リストラクチャリングが成功した例
　　　——ConocoPhillips Petrozuata BV 対 ベネズエラ

　資源会社として著名な ConocoPhillips によるベネズエラでの油田開発に関する事案です。図表2-12のとおり、ConocoPhillips は、1990年代に、アメリカの会社などを通じてベネズエラでの油田開発を開始しました。その後、ConocoPhillips は投資協定の活用を考慮して、2005年にオランダの子会社経由での投資に変更しました。

【図表2-12】　ConocoPhillips Petrozuata BV 対 ベネズエラ

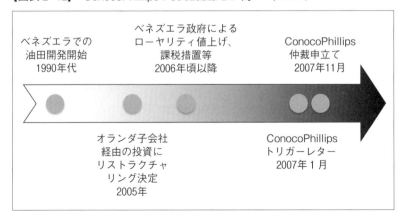

その後、投資先のベネズエラとの間で紛争が生じます。ベネズエラ政府は、2006年以降、資源開発に関するローヤリティを大幅に値上げし、新たな課税を行ったため、ConocoPhillips が仲裁を申し立てました。

ベネズエラ側は、「投資仲裁を利用するための投資のリストラクチャリングは不当である」と反論しました。しかし、仲裁廷は、紛争が起こる前に行ったリストラクチャリングであることを理由に、ConocoPhillips の「投資家」としての地位を認めました。

◆ リストラクチャリングの失敗例
――Philip Morris Asia Ltd. 対 オーストラリア

リストラクチャリングが認められなかった例もあります。紛争が発生する直前になって、慌てて投資のリストラクチャリングをするのでは手遅れです。

この事案は、国際的なタバコ会社として有名な Philip Morris が、オーストラリア政府のパッケージ規制が投資財産を毀損するとして、投資仲裁を申し立てた事件です。オーストラリアでは、タバコ会社は、パッケージに健康被害に関する警告表示などの掲載を義務づけられる一方、自社のロゴマークをパッケージに表示することができません（「プレーンパッ

【図表2-13】 Philip Morris Asia Ltd. 対 オーストラリア

ケージ規制」といわれます)。図表2-13のとおり、オーストラリアがこの規制の導入を公表したのは2010年です。Philip Morris は、その時点で、この規制に反対する姿勢を表明していたので、この時点ですでに紛争が予見できたことになります。2011年、Philip Morris は、オーストラリアへの投資を香港法人経由にリストラクチャリングしました。

　Philip Morris は、2011年11月にプレーンパッケージ規制の法律が成立した直後に仲裁を申し立てましたが、仲裁廷は、紛争が予期できてから投資をリストラクチャリングして、仲裁を申し立てることは、国際法上、権利濫用として認められないとして、申立てを拒絶しました。

　したがって、リストラクチャリングのタイミングが非常に重要であるということになります。紛争が予見されると判断される時点になってからでは遅いので、早期に既存投資の仕組みを見直しておくことが大切です。

◆ 外国投資に見せかけるためのリストラクチャリング
　　——Phoenix Action, Ltd. 対 チェコ

　国内投資を外国からの投資に見せかけて投資協定仲裁を使うことは認められないとされた例もあります。

【図表2-14】　Phoenix Action, Ltd. 対 チェコ

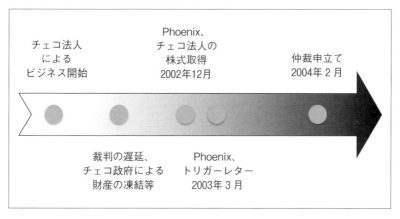

これは、Phoenix Action というイスラエル法人がチェコ政府に対して申し立てた事件です。前記図表2-14に沿って説明すると、まず、チェコ人のオーナー（仮にA氏とします）がチェコ法人（仮にB社とします）の一人株主としてチェコでビジネスをしていました。そのビジネスをめぐって、チェコ政府との間に紛争が発生し、チェコ政府がB社の財産を凍結したりします。その後、このチェコ法人のオーナーA氏は投資協定仲裁を使うことを思いついたのか、まずイスラエルに移り住み、イスラエル国籍を取得します。そしてイスラエル法人の Phoenix Action という会社をつくり、そこに自分が持っていたチェコ法人B社の株式を移転させたわけです。これによって、見かけ上は Phoenix Action というイスラエル法人が、チェコで投資をしていることになるので、外国からの投資であるという外観を整えたことになります。その後、Phoenix Action はチェコ政府に対して、投資仲裁を申し立てました。

　チェコ政府は、投資仲裁を使う目的で国内投資を外国からの投資に見せかけることは認められないと反論しました。仲裁廷もこの反論を認め、Phoenix Action はイスラエル法人ではあるけれども、このイスラエル法人には、投資協定で保護される投資はないとして、管轄を否定しました。

　投資協定は、外国からの投資を保護する目的で結ばれたものです。投資仲裁を使うために国籍まで変えたオーナーの行動力は驚きですが、チェコ企業によるチェコでの投資を外国からの投資にみせかけて投資協定上の保護を受けようとする小細工は、許されないことが確認されました。

投資協定と仲裁 Q&A

Question 国営企業との契約とICSID条項

投資先の国との間には契約がなく、その国の国営企業との契約しかない場合は、その国営企業との契約にICSID仲裁の条項を盛り込む意義はありますか？

Answer

国営企業との契約にICSID条項を盛り込み、ICSID仲裁を活用できるようにしておくことには意義があります。本文で説明したとおり、ICSIDは、世界銀行の機関であるため、仲裁判断の任意の履行が期待できます。また、仲裁判断が任意に履行されない場合でも、ICSID条約の枠組みで、より確実に仲裁判断を承認・執行することができます（詳しくは、第5章をご確認ください）。

なお、国営企業との契約で、ICSID仲裁を合意するには、ICSID条約が定めるいくつかの要件を満たす必要があります。投資受入国が国営企業を国の指定機関としてICSIDに通知することや、ICSID仲裁の申立てについて投資受入国の承認を得ることなどが要求されていますので、注意が必要です。

仮に、ICSID条項を契約に規定できない場合でも、投資協定に基づいて、直接、投資受入国の責任を追及できることがあります（ただし、投資受入国との間に投資協定が結ばれていることが前提です）。国営企業の行為であっても、一定の場合には、「投資受入国に帰属する行為」だとして責任追及できるからです。

Question 投資協定発効前になされた投資の保護

日本との間に、投資協定が締結されていない国に投資しています。今後、日本と投資受入国との間で投資協定が結ばれれば、既存の投資についても投資協定仲裁を使うことはできますか？

Answer

日本が締結している投資協定の多くは、条約発効の前になされた投資も

保護対象としています。たとえば、2017年4月に発効した日本・サウジアラビア間の投資協定も、発効前の投資を保護の対象としています。したがって、サウジアラビアですでに行っている投資についても、投資協定仲裁を申し立てることができます。

　ただし、注意が必要なのは、「権利侵害の時点では、投資協定が発効していなければならない」と考えられている点です。つまり、投資協定の発効前にすでに権利侵害があって、紛争が生じていた場合には、仲裁の対象とできないとされる可能性が高いのです。したがって、既存の投資を保護する投資協定が結ばれていないのであれば、将来の紛争に備えて、今のうちに投資ストラクチャーを見直すことが重要です。

第 3 章

投資はどのように保護されるか

第1節 はじめに

◆ 投資家保護の主な内容と損害額の算定

本章では、投資家が投資協定仲裁を申し立てる場合に、投資受入国（ホスト国）に対して主張できる権利のうち、特に重要な以下の5つの点を具体的な事例に即して説明します。

- 「公正かつ衡平な待遇」（Fair and Equitable Treatment）
- 「違法な収用」の禁止
- 「アンブレラ条項」
- 「十分な保護および保障」
- 「内国民待遇」

これらの権利のうち、投資家にどの権利が認められるかは投資協定ごとに異なります。したがって、投資協定仲裁を考えるに当たっては、関連する投資協定が、こうした権利についてどのように規定しているかを慎重に確認する必要があります。また、本章では、多くの投資協定仲裁において大きな争点となる損害額の算定の手順と立証のポイントも解説します。

第2節
公正かつ衡平な待遇
(Fair and Equitable Treatment)

◆「公正かつ衡平な待遇」とは

投資協定で認められる投資家の権利として最初に挙げられるのは、「公正かつ衡平な待遇」の原則です。英語では、「Fair and Equitable Treatment」(FET)といいます。日本語でも英語でも、分かりにくい抽象的な概念ですが、これまで800件以上申し立てられた投資協定仲裁の大半の事件で、この「公正かつ衡平な待遇」が主張されていますので、これが何を意味するかは、極めて重要な意味をもちます。

まず、「公正かつ衡平な待遇」が実際の投資協定でどのように規定されているかを見てみましょう。たとえば、日本・カザフスタン間の投資協定では、「公正かつ衡平な待遇」について、次のように規定されています（図表3-1）。

【図表3-1】 日本・カザフスタン間の投資協定（抜粋）

> 第五条
> 1. 一方の締約国は、自国の区域内において、他方の締約国の投資家の投資財産に対し、<u>公正かつ衡平な待遇</u>並びに十分な保護及び保障を与える。

「一方の締約国」とは、投資受入国のことを指していますので、投資家の投資財産に対して、「公正かつ衡平な待遇」を与えることは、投資受入国の義務であり、投資家から見ると、権利ということになります。

◆「公正かつ衡平な待遇」の具体的内容

　「公正かつ衡平な待遇」の内容を具体的に理解するうえで参考になるのが、過去の仲裁判断です。「公正かつ衡平な待遇」が問題となった多くの事件の仲裁判断において、「公正かつ衡平な待遇」には、次のような内容が含まれると解釈されています。

　まず、投資受入国は、「投資家の正当な期待」(investor's legitimate expectations) を保護する義務を負うとされています。たとえば、投資の際に前提とした法制度や政府の約束が守られるという投資受入国に対する信頼は、「投資家の正当な期待」として保護されると考えられます。投資家に有利な法制度を信頼して投資したところ、政権交代で大幅な制度変更が行われ投資が毀損したという場合、投資家の正当な期待が侵害されたとして、投資受入国の「公正かつ衡平な待遇」違反を主張することができます。

　投資受入国が、「適正手続き」(due process) の要請に反した場合も、「公正かつ衡平な待遇」違反になるとされています。たとえば、裁判を受ける権利が実質的に侵害されたといえるほどの手続きの遅延は、適正手続きの要請に反し、「公正かつ衡平な待遇」に違反すると評価されます。

　「透明性」(transparency) の確保が「公正かつ衡平な待遇」に含まれると考えられる場合があります。「透明性」とは、投資家の事業に関連する法制度が理解可能であり、また、投資家の事業に影響のある決定が法令にしたがって行われることを指します。たとえば、投資家が、連邦政府の説明にしたがって、工場建設に必要な許認可をすべて取得したにもかかわらず、地方政府が建設許可を拒絶し、工場建設を断念せざるを得なくなったような場合には、透明性の欠如を理由に、「公正かつ衡平な待遇」違反を主張することができます。

　さらに、投資受入国が、特定の投資家を「差別的」に取り扱った場合も、「公正かつ衡平な待遇」違反が問題になります。たとえば、他の投資家には補助金が交付されたのに対して、同じく交付されるはずの自社が、理由なく交付対象から除外された場合には、「公正かつ衡平な待遇」違反に当たるという主張が可能です。もっとも、「公正かつ衡平な待遇」違反

第2節　公正かつ衡平な待遇（Fair and Equitable Treatment）

と主張するためには、投資受入国の行為が必ずしも特定の投資家に対する「差別的」なものである必要はなく、投資家全員に適用される場合であっても、「公正かつ衡平な待遇」違反が問題となる場合もあります。

◆ 差別的な取扱いが問題となった例
——Saluka Investments BV 対 チェコ

「公正かつ衡平な待遇」が問題となった代表的な事案を2件紹介します。1件目は、第1章でも紹介したSaluka対チェコの事件です。

事案は、図表3-2のとおり野村證券グループの企業であるSalukaというオランダ法人が、チェコの旧国営銀行の1つ（IPB）に投資したというものです。

【図表3-2】　Saluka Investments BV 対 チェコ

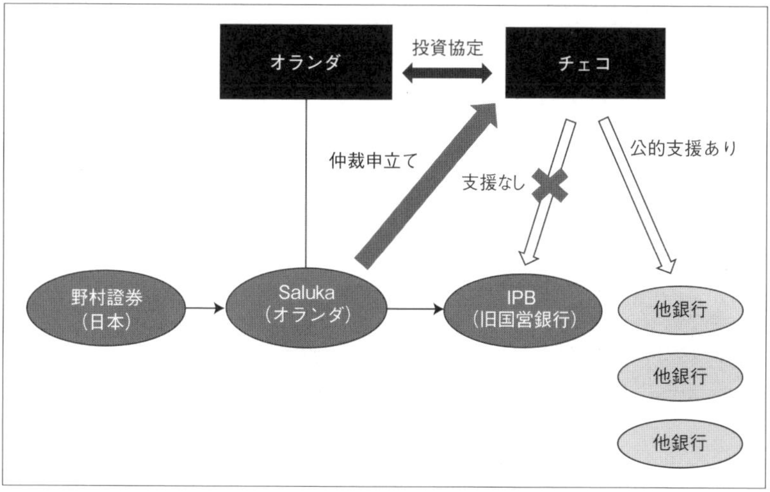

チェコ政府は、不良債権処理で苦しんでいた4大銀行のうち、IPBだけは支援しませんでした。この取扱いは、政府が財政支援する場合には、4大銀行すべてを平等に支援するというSalukaの「正当な期待」に反するものとして、「公正かつ衡平な待遇」の原則に違反すると判断されまし

た。Saluka 事件は、「投資家の正当な期待の保護」が、「公正かつ衡平な待遇」の内容に含まれるという解釈が最初に示された事件で、その後の仲裁実務に大きな影響を与えました。

◆ 制度変更が問題になった例
――CMS Gas Transmission Company 対 アルゼンチン

Saluka 事件では投資先の国による差別的な取扱いが問題になったのに対して、差別的な要素がなくても「公正かつ衡平な待遇」違反に当たる場合があることを示したのが、図表3-3のCMS対アルゼンチンの事件です。

【図表3-3】 CMS Gas Transmission Company 対 アルゼンチン

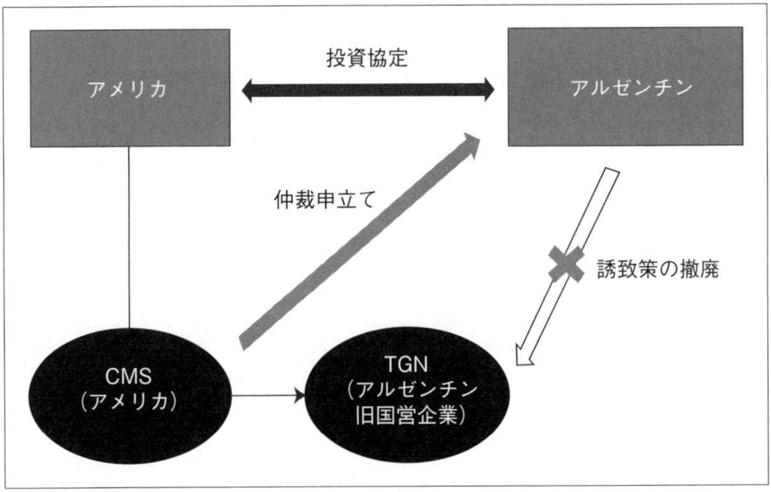

アルゼンチン政府は、ガス会社の民営化に際して、ペソの下落リスクを回避できるようガス料金をドル建てで計算したり、物価に連動して価格を調整するなどの投資誘致策で外資を誘致しました。これに応じて、アメリカ企業のCMSが、アルゼンチンのガス会社(TGN)に出資しました。ところが、2000年以降の財政危機で、アルゼンチン政府が、制度を

大幅に変更したため、TGN の株価が90％も下落するなど、CMS は大損失を被ったとして、CMS は、アルゼンチンに対して投資協定仲裁を申し立てました。仲裁廷は、アルゼンチンの措置は、投資誘致策が続くという CMS の正当な期待に反するとして、アルゼンチンに対して賠償金の支払いを命じました。

　アルゼンチンに対しては、数多くの投資協定仲裁が申し立てられていますが、CMS 事件は、アルゼンチンの責任が確定した初の事件であり、また、差別的な要素がない制度変更であっても「公正かつ衡平な待遇」違反になりうることを示した点で重要です。

第3節 違法な収用の禁止

◆「違法な収用」の禁止とは

「違法な収用」の禁止は、「公正かつ衡平な待遇」の原則と並ぶ重要な投資保護の基準であり、仲裁でも頻繁に主張されています。収用で一番分かりやすいのは、投資受入国による国有化です。たとえば、油田を掘り当てて、これから収益を上げて投資を回収しようという段階になって、国家にその油田を取り上げられてしまうと、投資が全く無意味になってしまいます。このような収用は、基本的に禁止されています。

ただ、全面的に禁止されているのでなく、一定の条件を満たした場合には許容されていて、たとえば、日本・ウクライナ間の投資協定では、図表3-4の4つの条件を満たすことが必要とされています。

【図表3-4】 日本・ウクライナ間の投資協定（抜粋）

> 第十三条
> 1. いずれの一方の締約国も、自国の区域内にある他方の締約国の投資家の投資財産の収用若しくは国有化又はこれに対する収用若しくは国有化と同等の措置（以下「収用」という。）を実施してはならない。ただし、次の全ての条件を満たす場合は、この限りではない。
>   (a) 公共の目的のためのものであること。
>   (b) 差別的なものでないこと。
>   (c) 2から4までの規定に従って迅速、適当かつ実効的な補償の支払を伴うものであること。
>   (d) 正当な法の手続及び第六条の規定に従って実施するものであること。

まず、「公共の目的」で行うことが必要ですから、たとえば、独裁者の私的利益のために収用することはできません。一部の投資家を狙い打ちにする「差別的」な収用も許されません。また、適切な「補償」が必要なので、投資受入国は、財産を収用される投資家に対して、適切な補償金を支払う必要があります。「正当な法の手続」にもしたがわなければなりません。

「差別的」な収用は許されないとか、「正当な法の手続」が求められるという点は、前述の「公正かつ衡平な待遇」とも重なります。そのため、1つの事案で、「公正かつ衡平な待遇」と「違法な収用」の両方が問題になりえます。前述のSaluka事件でも、両方が主張されました。

「公正かつ衡平な待遇」と「違法な収用」は、「公正かつ衡平な待遇」の違反の程度が極端になると「違法な収用」になるという関係ともいえます。Saluka事件では、「公正かつ衡平な待遇」の違反が認められ、「違法な収用」の主張は認められませんでした。

「公正かつ衡平な待遇」違反の主張が認められるのであれば、あえて「違法な収用」を主張するまでもないかもしれませんが、実務的には、必ずしもそうではありません。その理由の1つは、一般的には、「違法な収用」に当たるとされた場合のほうが、認められる賠償額が大きくなるからです。投資財産への侵害の程度は、収用の方が深刻なので、損害も大きいと認定されやすいのです。

もう1つは、「適用除外」との関係で、「違法な収用」を主張することが意味をもつことがあります。詳しくは第4章で説明しますが、多くの投資協定では、課税措置は、保護の対象外とされています。たとえば、日本・モザンビーク間の投資協定は、「この協定のいかなる規定も、……租税に係る課税措置について義務を課するものではない」（第22条第1項）と規定し、課税措置を保護の対象外としています。こうした場合、投資受入国が、外国投資家を狙い打ちにした課税制度を導入したとしても、「公正かつ衡平な待遇」の違反を主張することができません。しかし、日本・モザンビーク間の投資協定では、収用については、課税措置も適用除外とされてはいないので、その課税措置が、投資の価値を実質的に

59

無価値にしてしまうような場合には、「違法な収用」の禁止に違反するという主張ができるのです。

◆「違法な収用」の典型例

収用の典型例は、先ほども出てきた国有化です。投資受入国が、自ら使用するために投資家の資産を取り上げる、つまり所有権を奪うので「直接収用」とも呼ばれます。投資受入国が発電所や鉱山を適切な補償もなく国有化してしまったという場合には、違法な「直接収用」に当たるとの主張ができます。「直接収用」の事例は、今ではそれほど多くはありませんが、「直接収用」が問題とされる場合には、補償額が適切かどうか、という点が中心的争点になっています。

◆「違法な収用」は国有化だけではない

「違法な収用」の主張ができるのは、国有化の場合だけではありません。

所有権を投資家に残したまま、投資家の財産を実質的に無価値にさせてしまう場合も収用といえることがあります。この場合は、所有権を直接には奪わないので「間接収用」と呼ばれます。たとえば、事業に欠かせない許認可を撤回してしまうような場合です。セメントの輸入事業をしていた投資家が、そのビジネスに必須のセメント輸入許可を撤回されてしまい、セメントの輸入ができなくなってしまったという例では、「間接収用」に当たると判断されました。

「間接収用」は、投資協定では、「収用もしくは国有化と同等の措置」などと表現されます。「同等の措置」という部分が「間接収用」を示しています。

また、収用は、国家が1つの行為で投資財産を奪ってしまう場合が典型ですが、「しのびよる収用」(creeping expropriation) と呼ばれるものもあります。これは、国家の1つの行為ではそれほど大きな影響がなくても、複数の行為が積み重なって大きな損害を与え、投資財産の価値を実質的に無価値にしてしまうような場合、一連の行為を収用（間接収用）とみな

すものです。

◆「しのびよる収用」とされた例
　——Crystallex International Corporation 対 ベネズエラ
　図表3-5のCrystallex事件は2016年に仲裁判断が出た事件です。
　カナダ法人のCrystallexが、ベネズエラの国営企業との間で金鉱山の採掘契約を結びました。実際に採掘を始めるには採掘契約を締結するだけでなく、様々な許認可が必要となります。ベネズエラ政府は、Crystallexの事業に不可欠な金山の採掘を許可しなかったり、チャベス大統領など政府の高官が、「世界最大の金山を、国民の手に取り戻す」、「外資系企業を追い出す」などと金山の国有化を表明する発言を繰り返しました。これによって、Crystallexは、このプロジェクトを続けられなくなり、最終的にベネズエラ側が、採掘契約を解除したため、Crystallexは操業を始めることができないまま、投資を諦めざるを得なくなりました。そこで、Crystallexが、ベネズエラの行為は、「全体として収用に当たる」として投資協定仲裁を申し立てたのです。

【図表3-5】　Crystallex International Corporation 対 ベネズエラ

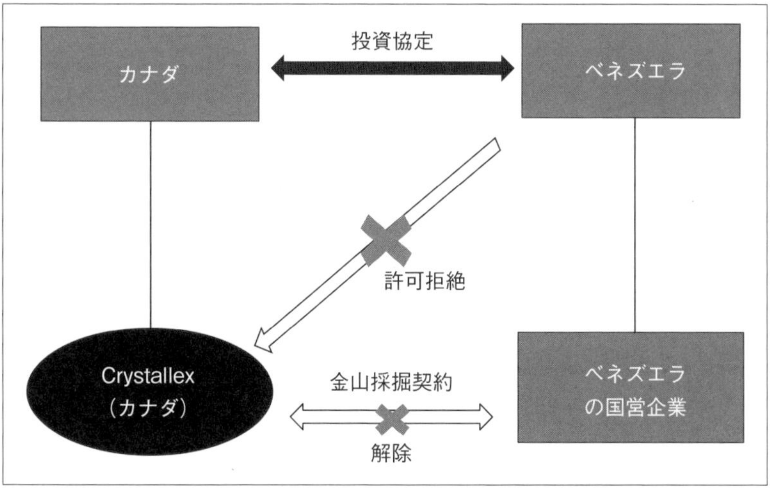

仲裁判断では、ベネズエラが、許認可を出さなかったり、金山の国有化を宣言したり、さらには採掘契約を解除したことにより、投資を実質的に無価値にしたとして、一連の行為が、「間接収用」に当たると認定されました（なお、契約解除自体が、「直接収用」に当たるどうかについては判断する必要がないとされました）。

Crystallex は、この事件で12億米ドルの賠償金を得ました。重要なのは、単に賠償金が多額だったということだけではありません。この事件では、投資家が実際に利益をあげる前に投資を諦めたにもかかわらず、多額の賠償金が認められた点です。Crystallex は、許認可が下りず、操業を始めることができなかったため、利益の「実績値」がありませんでした。そのため、投資受入国の行為によって、将来得られるはずだった利益が失われたことを立証する必要がありました。このときに頼りになったのが専門家証人です。損害額算定の専門家に、将来利益が得られたことを示す意見書を出してもらい、仲裁人を説得したのです。賠償金の算定は、実務では、結果に直結する重要な点ですので、第7節で改めて説明します。

◆ 単体の行為による収用と「しのびよる収用」の両方が問題になった例
　　——Burlington Resources Inc. 対 エクアドル

次は、油田開発の事案です。Burlington というアメリカの企業が、エクアドルのアマゾン地域での油田開発を計画し、エクアドルとの間で原油の生産物分与契約を締結しました。生産物分与契約の仕組みは、Burlington がアマゾン地域のある区域（鉱区）を採掘する権限を取得し、油田が見つかった場合、産出された原油をエクアドル政府と Burlington との間で一定の割合で分け合うというものです。原油の産出が始まりましたが、原油価格の急激な高騰と重なり、エクアドル政府は、原油に新規の課税を行うことにします。図表3-6のように、エクアドル政府は、原油の高騰による利益について50％、その後には99％の課税を行い、Burlington との間で争いが生じると、原油を差押さえたり、Burlington が原油を採掘する鉱区を占拠するなど様々な手段を使って、最終的に契約

【図表 3 - 6】　Burlington Resources Inc. 対 エクアドル

を解除してしまいました。これが収用に当たるとして、Burlington が投資協定仲裁を申し立てたのです。

　仲裁において、Burlington は、「1つ1つの行為が収用に当たる」という主張に加えて、仮にそれが認められないとしても、エクアドルの行為は、全体として「しのびよる収用」に当たると主張しました。仲裁廷は、エクアドル政府が鉱区を占拠し、Burlington の立ち入りを排除した点をもって、単体の行為が収用に当たると認定したので、「しのびよる収用」に当たるかどうかを検討するまでもなく、Burlington 側の主張が認められました。

　最近では、日本企業の投資案件でも、「しのびよる収用」が問題になることがあります。南米の政府が、日本企業の投資に関し、新規課税、許認可の拒絶、差別的な取扱いなどを行い、これらが「しのびよる収用」に該当するか否かを検討した例もあります。

第4節 アンブレラ条項

◆「アンブレラ条項」とは

　アンブレラ（傘）条項とは、投資受入国が、投資家に対する義務や約束を遵守することを投資協定の条項として規定するもので、「義務遵守条項」とも呼ばれます。アンブレラ（傘）条項といわれるのは、この条項があることによって、投資家との契約などを「投資協定の傘」の下に入れて、保護を受けることができるようになるからです。

　投資受入国の義務や約束は、投資家との契約によるものが典型です。実際の事件でも、投資受入国が投資家との投資契約に違反した場合に、投資協定違反になると主張される場合が多いです。たとえば、投資家側から、国営企業が投資家とのM&A関連契約に違反したことがアンブレラ条項違反であるとか、投資家との和解契約に投資受入国が違反したことがアンブレラ条項違反であるなどと主張されている例もあります。

　アンブレラ条項の規定は様々で、「各締約国は、他方の締約国の投資家が行う投資に関して義務を負うこととなった場合には、<u>当該義務を遵守する</u>」（日本・ロシア間の投資協定第3条第3項）と、あらゆる義務を対象にするように読めるものもあれば、エネルギー憲章条約のように「締約国は、他の締約国の投資家又は他の締約国の投資家の投資財産との間の<u>契約上の義務を遵守する</u>」（第10条第1項）と契約上の義務への言及にとどめるものもあります。

　こうした投資受入国の義務違反をアンブレラ条項違反と評価できるかという問題は、仲裁判断も分かれています。この点をよく表しているのがSGS Société Générale de Surveillance S. A.（SGS）というスイスの企業の事件です。SGSは、投資受入国の契約違反がアンブレラ条項違反にな

るとして、複数の国に対して同じような投資協定仲裁を申し立てましたが、次のように、事件によって判断が分かれました。

◆ 契約違反はアンブレラ条項違反にならないとした例
　　──SGS 対 パキスタン

まず、SGS 対パキスタンの例から見ていきましょう。この事件では、仲裁廷は、投資受入国側の主張を認め、契約違反はアンブレラ条項違反にならないと判断しました。

SGS は、スイスのジュネーブに本部があり、世界中で検査や認証業務を行っている国際的な企業です。SGS は、パキスタン政府の委託で税関の輸入品の検査を行っていたのですが、しばらくすると、お互いの契約違反をめぐってもめることになり、最終的に、パキスタン政府が、契約を一方的に解除しました（図表3-7）。

これを受けて、SGS は、パキスタン政府が投資家との契約を一方的に解除し、義務を履行しないことは、スイス・パキスタン間の投資協定に規定されたアンブレラ条項に違反すると主張して、仲裁を申し立てました。

【図表3-7】　SGS Société Générale de Surveillance S.A. 対 パキスタン

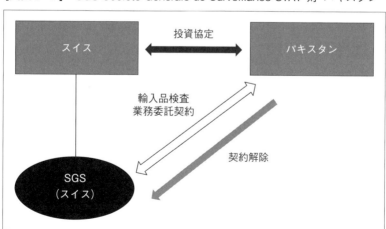

パキスタン政府からすれば、SGSとの関係は、あくまでも契約違反に過ぎないということになります。問題は、契約違反が、アンブレラ条項を介して投資協定の違反になるか、ということです。

仲裁廷は、問題となったアンブレラ条項の文言に着目しました。図表3-8のアンブレラ条項の文言は、「constantly guarantee the observance of the commitments」となっています。これは、「約束の遵守を常に保証する」という意味ですが、こうした曖昧な文言によって、契約に限られない幅広い約束について国際法上の新たな義務、すなわち投資協定上の義務を規定していると読むことはできない、と指摘しています。

【図表3-8】 スイス・パキスタン間の投資協定（抜粋）

> Article 11
> Either Contracting Party shall *constantly guarantee the observance of the commitments* it has entered into with respect to the investments of the investors of the other Contracting Party.

仲裁廷は、「単なる契約違反がアンブレラ条項違反だとすると、様々な問題が生じる」と指摘しています。契約上のあらゆる義務違反を、投資協定違反として主張できることになってしまうと、投資受入国に過大な負担を強いることになるという点や、単なる契約違反が投資協定違反ということになると、他の投資協定上の保護が事実上意味がなくなってしまうという点です。さらに、たとえ、契約で投資受入国の裁判所が紛争解決機関とされていても、アンブレラ条項を利用すれば投資協定仲裁を使えるということになると、投資家の一存で契約上の紛争解決条項を無視できることになるという点も問題視しています。

結論として仲裁廷は、契約違反はアンブレラ条項違反にはならないと判断しましたが、事件そのものは、その後SGSとパキスタンの間で和解により解決しました。

第4節 アンブレラ条項

◆ 契約違反はアンブレラ条項違反になるとした例
　——SGS 対 フィリピン

　SGS 対パキスタンの決定が出されてから数ヶ月後、今度は SGS 対フィリピンの事件の判断が出されました。SGS は、パキスタンと同じような事件をフィリピンとも争っていたのですが、フィリピンとの事件での仲裁では、契約違反はアンブレラ条項違反になりうるという先ほどとは逆の判断がなされました。

　事実関係は先ほどのパキスタンの事件とほぼ一緒です。SGS が、フィリピン政府との間でフィリピンに輸入される物品を検査する契約を締結したのですが、しばらくして契約内容をめぐる紛争が生じた結果、フィリピン政府が SGS に対して代金を支払わなかったというものです（図表3-9）。これに対して SGS は、代金の支払いを怠ることは、スイス・フィリピン間の投資協定のアンブレラ条項に違反すると主張して、仲裁を申し立てました。

【図表3-9】　SGS Société Générale de Surveillance S.A. 対 フィリピン

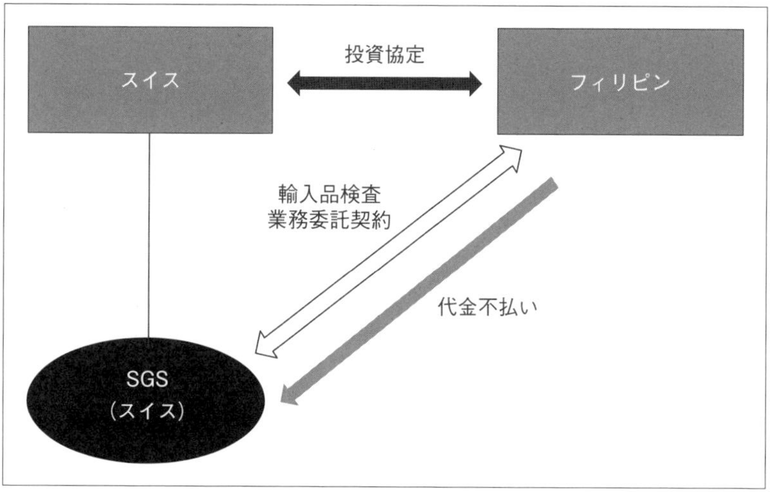

仲裁廷は、パキスタンの事件と同様に、アンブレラ条項の文言に着目しました。スイス・フィリピン間の投資協定のアンブレラ条項（図表3-10）を見ると、「observe any obligation」（あらゆる義務を遵守する）となっています。先ほどのパキスタンの事件で問題となっていた「約束の遵守を常に保証する」という不明確な文言と比べると、「あらゆる義務を遵守する」というように、投資受入国の義務であることが明確に規定されていました。仲裁廷は、契約上の義務はスイス・フィリピン間の投資協定に規定されたアンブレラ条項の対象であるとして、契約上の義務違反はアンブレラ条項違反を構成すると判断しました。このように、パキスタンとの事件の判断から数ヶ月後、フィリピンとの事件では、正反対とも思える判断が出されたのです。

【図表3-10】 スイス・フィリピン間の投資協定（抜粋）

> Article 10
> 2. Each Contracting Party shall *observe any obligation* it has assumed with regard to specific investments in its territory by investors of the other Contracting Party.

この事件では、SGSとフィリピンの間の契約にあった裁判管轄の規定も問題になりました。契約書には、フィリピンの裁判所を専属管轄とすると規定されていたので、仲裁廷は、この規定に着目して、契約違反はアンブレラ条項違反になりうるが、契約違反の内容、範囲（この事件でいえば未払額）については当事者間で合意するか、裁判管轄条項にしたがってフィリピンの裁判所で判断されるべきであると判断しました。そこで、結局、この点について判断されるまで、仲裁手続きは停止されることになりました。

このように、他の紛争処理手続きとの関係が仲裁の進行に影響を与えることもあるので、契約だけ、あるいは、投資協定だけを見るのではなく、戦略的に裁判と仲裁のどちらを使うべきか適切なアドバイスを得ることも重要です。

SGS対パキスタン、SGS対フィリピンという2つの事件を見てきまし

たが、事実関係はほとんど同じなのに、アンブレラ条項の解釈について全く異なる決定が出ています。アンブレラ条項の文言の違いによって判断が分かれたという説明もできるのですが、判断を分けた原因が文言にあるかは未だ議論のあるところです。契約違反がアンブレラ条項違反を構成するのかという問題は、仲裁人や代理人によっても結論が変わりうることに注意が必要です。

第5節
十分な保護および保障

◆「十分な保護および保障」とは

　日本が締結する多くの投資協定には、「十分な保護および保障」という規定があります。「十分な保護および保障」とは、内乱や暴力などといった行為から投資財産や投資家を保護しなければならない、という投資受入国の義務を定めるものです。この規定により、投資受入国は、投資財産や投資家を保護するための「合理的な措置」を採ることが義務づけられます。投資財産や投資家を暴力や破壊行為などの物理的な攻撃から保護するという義務ですが、仲裁判断の中には、より広く投資家の法的権利、たとえば裁判を受ける権利などについても適用されるとするものもあります。

　「十分な保護および保障」の規定に基づいて投資受入国が責任を負うのは、基本的に、投資受入国が投資家や投資財産を保護する「合理的な措置」を怠った場合です。ですから、結果として投資家が被害を受けたというだけでは、投資受入国の義務違反にはなりません。仲裁で「十分な保護および保障」違反が認められるためには、投資受入国が「合理的な措置」を怠ったことを立証する必要があります。ただ、投資受入国の「不作為」を立証しなければならない場合もあり、義務違反を認めさせるのは容易ではありません。

◆「十分な保護および保障」の義務に反するとされた例
　　——Wena Hotels Ltd. 対 エジプト

　では、「十分な保護および保障」の違反が問題となったWena Hotels事件を見ていきます（図表3-11）。

英国企業のWena Hotelsは、エジプト国内でホテルを経営していました。エジプトの国営企業から建物を借りて営業していたのですが、Wena Hotelsは、賃貸借契約の条件が守られていないとして、賃料の一部を支払いませんでした。そこで、賃料は全額支払われるべきだとする国営企業との間で紛争が起こりました。紛争の過程で、国営企業は、Wena Hotelsに対して、「賃料を支払わないと、ホテルを占拠する」という脅迫を繰り返していました。Wena Hotelsは、エジプト観光省や内務省などに対し、こうした脅迫に対処するよう繰り返し要請しましたが、エジプト政府が対策を講じなかった結果、国営企業がこん棒などで武装した100人以上の集団をホテルに送り込み、ホテルを占拠してしまいました。Wena Hotelsが警察やエジプト政府に助けを求めたにもかかわらず、適切な対処がなされないまま、約1年間にわたって、ホテルが武装集団に占拠される事態にまで発展しました。そこで、Wena Hotelsは、エジプト政府が適切に対処しなかったことは、「十分な保護および保障」の義務に反するとして仲裁を申し立てました。

【図表3-11】　Wena Hotels Ltd. 対 エジプト

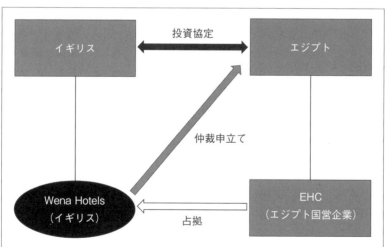

この事件では、仲裁廷は、エジプト政府の責任を認めました。仲裁廷は、エジプト政府が、ホテルを不法占拠するという国営企業の意図を事前に知りながら、これを防止する措置を採らず、その後、不法占拠された後も適切な措置を採らなかったと指摘して、「十分な保護および保障」の義務に違反するという判断をしたのです。

　先ほど説明したとおり、投資受入国が適切な措置を採らなかったという不作為を根拠に「十分な保護および保障」の義務違反を認めさせるのは、実務上なかなか難しいといわれます。たとえば、「投資受入国が投資家を不当に逮捕して投獄した」という場合のように、投資受入国が積極的に不当な行為をしたことを問題にするのは比較的容易ですが、「するべきことをしなかった」という「不作為」を立証するのは簡単ではありません。そのため、不作為について投資受入国の責任が認められるのは、Wena Hotels 事件のように、投資受入国の対応が極端な場合に限られています。たとえば、投資受入国が暴徒化したデモ隊から投資家企業を保護するための策を講じなかったというだけでは義務違反とは評価されにくいのが実情です。投資受入国が予想外の暴動についても責任を負うのは酷だと考えられるからです。そのため、Wena Hotels 事件のように、事前に政府に対処を求めていたとか、政府が事前に知っていたにもかかわらず何も措置を講じなかった結果、工場が襲われたというような事情がないと、投資受入国の責任が認められにくいと考えられます。異変を察知したら、関係当局に早めに相談しておくことが大切になります。

第6節 内国民待遇

◆「内国民待遇」とは

　最後に「内国民待遇」について説明します。「内国民待遇」も、日本が締結しているほとんどの投資協定に入っています。たとえば、日本・ウルグアイ間の投資協定では、「一方の締約国は、自国の区域内において、投資活動に関し、他方の締約国の投資家及びその投資財産に対し、同様の状況において自国の投資家及びその投資財産に与える待遇よりも不利でない待遇を与える」(第3条)と規定されています。

　要するに、自国の投資家と比べて外国の投資家を不利に扱ってはならない、という内容です。一般的に、「内国民待遇」とは、投資受入国が、外国の投資家を自国の投資家と同等以上に取り扱う義務であると説明されています。

　「外国投資家を差別してはならない」ことが保護の内容だとすると、すでに説明した「公正かつ衡平な待遇」(Fair and Equitable Treatment)にも「差別の禁止」が含まれるので、保護の内容が重なっていることが分かります。そうすると、「内国民待遇」を別に規定する意味があるのか、と疑問に思われるかもしれません。実際のところ、差別が問題になる事案の場合、「内国民待遇」と「公正かつ衡平な待遇」の両方が主張されることも多いです。ただし、投資協定の中には、「公正かつ衡平な待遇」の規定はないけれども、「内国民待遇」は規定されている、というものもあります。たとえば、日本・中国間の投資協定などがそうなのですが、そのような場合には、この「内国民待遇」を根拠に争っていく実益があります。

◆「内国民待遇」違反とされた例
——S.D.Myers,Inc. 対 カナダ

　「内国民待遇」が争われた事案を見ていきましょう。S. D. Myers 事件は、NAFTA（北米自由貿易協定）の「内国民待遇」の規定が問題になった著名な事案です（図表3-12）。

　S. D. Myers というアメリカの会社が、アメリカ国内にポリ塩化ビフェニル（PCB）廃棄物の処理工場を持っていました。S. D. Myers は、カナダ法人を設立して、カナダで PCB 廃棄物を収集し、収集した PCB 廃棄物をアメリカの処理工場で処理するビジネスを始めました。処理工場は、カナダに隣接するオハイオ州にあり、カナダ国内の PCB 廃棄物の多くは、カナダのオンタリオ州やケベック州など、オハイオ州に近い場所にあったため、S. D. Myers は、輸送コストを抑え、カナダの競業事業者と比べて、価格競争上有利な立場にありました。しかし、カナダ国内の PCB 廃棄物処理事業者の積極的なロビー活動の結果、カナダ政府は、PCB 廃棄物の海外への輸送を一時禁止しました。この措置によって、PCB 廃棄物をアメリカで処理する S. D. Myers のビジネスは不可能になりました。そこで、S. D. Myers は、こうした禁輸措置は、「内国民待遇」に違反するとして仲裁を申し立てました。

　この事件では、仲裁廷は、カナダの措置は、外国投資家に対する差別に当たり、内国民待遇に違反すると判断しました。「内国民待遇」を判断するには、一般に、3つのステップがあるといわれています。S. D. Myers 事件でも、仲裁廷は、以下の3つのステップに沿って判断しています。

　まず、内国民待遇違反（差別）があるというためには、S. D. Myers と他のカナダ企業が「同様の状況」（like circumstances）にあるといえなければなりません。同様の状況にないのであれば、異なる取扱いをされても仕方ない、ということになるからです。そこで、ステップ1では、外国投資家と自国の国民が「同様の状況」にあるか、が検討されます。これについて仲裁廷は、この点は、「同じ経済・事業分野で活動しているか否か」で判断するべきであるとして、S. D. Myers と他のカナダ企業が、PCB 廃

【図表3-12】　S.D.Myers,Inc. 対 カナダ

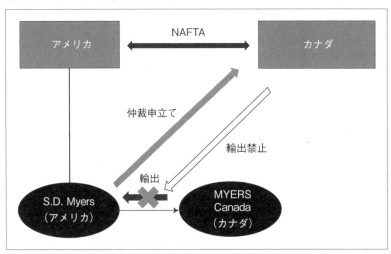

棄物処理事業について競争関係にある以上、「同様の状況」にある、と判断しました。

次に、ステップ2では、外国投資家と自国投資家の間で、「異なる待遇」があったかが判断されます。S.D.Myers事件では、カナダ政府の禁輸措置が問題になりましたが、禁輸措置は、自国の企業も含むすべての事業者に適用されます。考え方によっては、外国投資家と自国投資家の間で異なる待遇は存在しない、ということもできます。しかし、仲裁廷は、外国投資家に現実に与えている結果に着目して、PCB廃棄物の禁輸措置は、カナダの事業者と比較して、明らかに外国投資家に不利な待遇であるとして、「異なる待遇」が存在する、と判断しました。

最後に、ステップ3ですが、異なる待遇が存在するとしても、その措置に「正当化事由」がないか、という点が検討されます。たとえば、国民の生命・身体への危険を防止するために必要であるなど正当な理由があれば、やむを得ない措置ということになるでしょう。S.D.Myers事件でも、カナダ政府は、そうした正当化事由を主張しました。1つは、PCB廃棄物の禁輸措置は、カナダの環境および国民の健康への危険を防

止するためであった、というものです。仲裁廷は、禁輸措置の主たる目的が、カナダの国内産業保護にあったことは証拠から明らかであるなどとして、この主張を認めませんでした。もう1つは、PCB 廃棄物の禁輸措置は、国内の PCB 廃棄物処理能力を維持するために必要であった、というものでした。この主張に対して、仲裁廷は、PCB 廃棄物処理能力を維持するために国内産業の強化を図ることは正当な目的といえるが、その目的を達成するには、たとえばカナダ企業に補助金を出すなどの代替手段があり、禁輸措置までは不要である、と指摘しました。結局、仲裁廷は、禁輸措置に正当化事由は認められない、と判断しました。

　以上の3つのステップを経て、仲裁廷は、カナダ政府の禁輸措置は、「内国民待遇」に反する、という結論を下しています。

第7節
損害額の算定

◆ 投資協定仲裁における損害賠償

　損害額の算定は、仲裁を申し立てた企業の最大の関心事です。投資協定仲裁で当事者が求める損害額は様々であり、少額の損害賠償はもちろんのこと、数百億円規模、数千億円規模の賠償が認められる例も少なくありません。本節では、損害額算定の手順と立証のポイントを解説します。

◆ 投資協定上の損害賠償の算定基準

　損害額を算定する場合に、まず、基準になるのは、投資協定の規定です。たとえば、日本・スリランカ間の投資協定（図表3-13）には、政府が財産を「収用」する際の補償基準について、以下の規定があります。

【図表3-13】　日本・スリランカ間の投資協定（抜粋）

> 第五条
> 3　2にいう補償は、収用、国有化若しくは制限又は収用若しくは国有化と同等の効果を有するその他の措置が公表された時と当該措置がとられた時とのいずれか早い方の時における投資財産及び収益の通常の市場価格に相当する価額（最終的にとられることとなつた当該措置が見通されたことによる当該市場価格の減少分を差し引かないものとする。）のものでなければならない。

　このように、国家が「収用」する場合の具体的な算定基準が投資協定に定められていることもあります。しかし、この規定は、「適法な収用」における補償基準を定めるものです。「違法な収用」の損害賠償額の算定に当たっても参考にできるかについての扱いは、仲裁廷によって異な

ります。たとえば、投資家は、「違法な収用」であっても、「適法な収用」の場合以上の金額を損害賠償として受け取ることはできないとする仲裁判断例もあります。この考えによれば、「適法な収用」の補償基準を、「違法な収用」にも利用できます。

ただ、投資受入国の違反行為には、「公正かつ衡平な待遇」違反など「収用」以外に様々なものがあります。多くの場合、投資協定には、「収用」以外の基準は、規定されていないので、それぞれについて検討しなければなりません。

◆ 完全賠償の原則（full reparation）――ホジュフ工場事件

投資協定に損害の算定基準が規定されていない場合は、仲裁廷は、国際法の一般法則にしたがって判断します。その場合、常設国際司法裁判所のホジュフ（Chorzów）工場事件判決の考え方にしたがうのが一般的です。この事件では、国際法上の損害賠償の目的は、「可能な限り、違法行為によって生じた結果をすべて取り除き、当該違法行為が行われていなければ存在していたであろう状況を再現すること」（"as far as possible, wipe out all the consequences of the illegal act and re-establish the situation which would, in all probability, have existed if that act had not been committed."）とされました。つまり、損害の填補ということです。ホジュフ工場事件の考え方は、「完全賠償の原則」とも呼ばれます。これにしたがうと、違法行為を行った者は、違法行為から現実に発生した損害を填補する責任を負うことになります。そして、違法行為と因果関係が認められる限度で責任を負います。これに対し、損害の回復を越えて、罰を与える目的でなされる懲罰的賠償は認められません。

◆ 公正市場価格（fair market value）

本章で紹介した Crystallex 対ベネズエラ事件では、仲裁廷は、ホジュフ工場事件で示された完全賠償の原則にしたがうことを確認しています。そして、完全賠償を実現するには、投資財産の「公正市場価格」（fair market value）を算定して損害額を決めるのが適切である、としました。

「公正市場価格」とは、一般に、「自発的な買い手」と「自発的な売り手」が、「関連する事実を十分把握して、公正に取引を行う場合」に支払われる金額を指します。Crystallex事件では、Crystallexの株価を基に算出される企業の価値と、類似企業の市場価値を参考に算出される金額の「平均」が、「公正市場価格」であるとし、損害額を12億米ドルとしました。

◆ 主な算定方法

投資協定に具体的な算定方法が定められていなければ、損害額の算定は、仲裁廷の裁量に委ねられます。損害額の算定という重責を担う仲裁人は、弁護士や法律学の教授などが多く、必ずしも経済や会計の専門家ではありません。そのため、当事者が専門家を立てて、損害額や算定方法に関する主張を展開します。

そうした場合に、実務上、よく用いられるのが次の4つです。はじめの3つは、投資が行われ、かつ、投資受入国の違法行為がなかったと仮定した場合の投資家の経済状態を考えるものです。これに対し、4つ目は、投資家が投資をしなかったと仮定した場合の投資家の経済状況を考えます。実際の事件では、仲裁廷が、このうち1つを採用して損害額を算出することもありますが、これらの算定方法に限らず当事者が主張した様々な算定方法の中から、適切と思われるものをいくつか選び、算出された金額の平均値を損害額とする場合もあります。

① DCF（Discounted Cash Flow）方式

最も多く採用されているのがDCF方式です。投資財産の「割引現在価値」を基準に損害額を算定する方法です。投資財産が将来生み出すキャッシュフローの額を予測し、そのうえで、予測される様々なリスクを考慮して割引率を決めます。その割引率に基づいて、キャッシュフローを現在価値に引き直し、損害額を算出します。この方式は、投資が生み出す将来の利益を現在価値に換算する方法なので、どれだけ正確な予測ができるかが鍵になります。キャッシュフローや、割引率など仮定的な要素が多いため、精度の高い予測が難しい場合には適していません。

②比較方式

　投資財産の価値と、類似する資産の価値などを比較して、その差額を基に損害額を算定する方法です。たとえば、投資財産が現地法人である場合、類似企業の買収額や株式価格が比較に用いられます。その現地法人が過去に買収したものであれば、買収のときに支払った価格と、違法行為が発生した後の価格を比較することもあります。

③株式市場に基づく方式

　株式の市場価格を基準に損害額を算定する方式です。たとえば、投資受入国が新たな規制を導入したことによって投資家企業の株式価格が下落した場合には、規制の導入前後での下落幅を基にして損害額を算出します。株式価格が基準になるので、上場企業の場合に適しています。

④サンクコスト方式

　投資家が現実に支出した金額を基準とする方式です。もしその投資をしなければ、どれだけの支出を免れたか、という観点で損害を算定するものです。投資に当たって投資家が実際に支払った費用、つまり、投資財産の取得やその開発のために必要になった金額を基準にします。
　実際に支払った金額に限定されるので、損害額が比較的少額になる傾向にあり、投資受入国が好んで主張する算定方法です。

◆ DCF方式が適切な場合とは

　Rusoro Mining Ltd. 対ベネズエラ事件の仲裁判断は、DCF方式がどのような場合に適しているかを詳細に検討しています。ベネズエラで金鉱山を開発していたRusoro（カナダ企業）の鉱山が国有化されたため、Rusoroが、投資仲裁を申し立てた事案です。この事件では、金鉱山の国有化が、違法な収用に当たると判断され、約10億米ドルの損害が認定されました。この損害額は、いくつかの算定方法を組み合わせ、平均値を使って算定されています。
　Rusoro事件の仲裁判断には、DCF方式が適切か否かを判断する要素

がまとめられています。まず、財務上の実績があることです。投資から利益があがっていれば、将来の利益も正確に算定できるからです。また、詳細な事業計画があり、将来のキャッシュフローについて精度の高い予測ができる場合です。DCF は、仮定的要素が強い算定方法なので、恣意的な計算になる余地が少ない場合に使うべきだということを表しています。さらに、規制による影響の少ない業種が適しているとも指摘しています。国家による厳しい規制のある業種だと、規制変更の影響を受けやすく、将来のキャッシュフローが正確に予測できないおそれがあるからです。

◆ サンクコスト方式が適切な場合とは

サンクコスト方式を採用した例としては、すでに本章で紹介した Wena Hotels 対エジプト事件があります。Wena Hotels は、DCF 方式に基づき、少なくとも約6,300万米ドルの賠償が必要だと主張しました。エジプト側は、DCF 方式ではなく、サンクコスト方式に基づき、Wena Hotels がホテル事業に実際に支出した金額から損害額を算定すべきだと反論しました。

これに対して、仲裁廷は、ホテルが開業してから間もないなど、DCF 方式を採用するには、不確定要素が多過ぎるとし、エジプト側の主張に沿って、サンクコスト方式を採用しました。その結果、Wena Hotels の損害額は、実際に支出した金額を基準として計算され、約900万米ドルに止まりました。

◆ 精神的損害

損害に関して、近年注目を浴びているのが、精神的損害の問題です。投資協定仲裁で精神的損害の賠償が認められるかどうかについては、実務上、まだ見解が固まっていません。理論的には、国家の行為によって投資家が被った損害と評価できます。したがって、伝統的に認められてきた填補賠償の枠組みに位置づけることができます。しかし、実際に精神的損害が争点になった事件を検討すると、填補賠償というよりも懲罰

的な意味合いを持たせている場合があります。

　Desert Line Projects LLC 対イエメン事件は、投資協定仲裁で精神的損害の賠償が認められた唯一の公表事例といわれます。これは、投資受入国が、投資家企業の従業員などに対して武力行使をしたというかなり極端な事案です。仲裁判断では、算定根拠は詳しく述べられていませんが、100万米ドルの精神的損害が認められています。

　また、Joseph Charles Lemire 対ウクライナ事件では、最終的に精神的損害の賠償は認めなかったものの、「例外的状況」においては精神的損害が認められるという見解が示されました。仲裁廷は、投資受入国が違法な身柄拘束をしたり、精神的苦痛を引き起こし、その原因と結果が重大である場合には、「例外的状況」に当たり、精神的損害の賠償が認められるという基準を示しました。どのような場合に精神的損害が認められるべきかについても、法学者の間で見解が分かれ、まだ決着がついていません。

◆ 損害算定の専門家

　投資協定仲裁では、多くの場合、専門家に損害額の算定を依頼します。その道の専門家に損害の金額を出してもらい、それを基に代理人弁護士が主張立証を行うという役割分担です。専門家は、損害算定について意見書を作成して、必要に応じてヒアリングで証言台にも立ちます。意見書では、その事件における具体的な損害額について説明します。仲裁人は、経済や会計の専門家ではないことが多いので、具体的な損害額を導き出すために使った算定方法の説明も必要です。また、数ある算定方法のうち、特定の算定方法を選んだ根拠についても説明します。

　損害算定に欠かせない専門家としては、まず、職業的専門家（professional expert）と呼ばれる人がいます。専門家証人の業務自体を専門としていて、日常的に、国際仲裁や訴訟の事件で損害算定の意見書を作成したり、証言を行ったりしています。

　もう1つは、他に仕事をしており、頼まれた場合に意見書を作成する人です。この類型の専門家は、経済学の高名な教授や、会計士などの場

合が多いです。

　どちらのタイプの専門家に依頼すべきかは、事案ごとの戦略的判断です。職業的専門家は、日常的に仲裁業務に関与し、証言することにも慣れているので、事前準備がスムーズに進むというメリットがあります。他方、先進的論点を含む場合など、世界的に知名度のある教授の方が仲裁廷を説得しやすいという場合もあります。

　専門家の選任に当たっては、それぞれの案件に即して適切な専門家を探し出し、的確な証言を得られるよう、代理人弁護士は、申立人となる企業と十分に議論して、最善の判断が得られるようにします。

投資協定と仲裁 Q&A

Question　そのほかの投資保護の内容

投資協定に規定されている投資保護の内容は、本章で紹介された5つのほかにもありますか？

Answer

多くの投資協定に規定されている代表的な投資保護の内容は、本章で説明した5つ（「公正かつ衡平な待遇」、「違法な収用」の禁止、「アンブレラ条項」、「十分な保護および保障」、「内国民待遇」）です。

そのほかにも、比較的多くの投資協定で規定されているものとして、「最恵国待遇」の規定があります。「最恵国待遇」とは、投資受入国が第三国の投資家に与えている最も有利な待遇と同等以上の待遇を、締約国の投資家にも与える義務を規定するものです。分かりにくいですが、簡単にいえば、投資受入国が他の国と締結している投資協定がより有利なものであれば、その有利な待遇をこちらの投資家にも与えなければならない、という意味です。

たとえば、日本・中国間の投資協定には、「公正かつ衡平な待遇」の規定はないのですが、「最恵国待遇」の規定があります。仮に、中国がA国と締結している投資協定に「公正かつ衡平な待遇」の規定があったとすると、日本企業としては、日本・中国間の投資協定の「最恵国待遇」の規定を手がかりに、中国がA国と締結している投資協定にある「公正かつ衡平な待遇」の規定が、日本企業との間でも適用されると主張できるわけです。

そのほかにも「資金や資産の移転の自由」について規定している投資協定もあります。これは、投資家による支払いや送金の自由を確保することを義務づける規定です。たとえば、投資家が、投資受入国であげた利益を本国に送金したい、というときに、その自由が保護されます。

それぞれの投資協定によって投資保護の種類やその具体的内容は異なるので、それぞれの投資に適用される投資協定の内容を確認することが重要です。

Question S.D.Myers 事件と「違法な収用」

S. D. Myers 事件は「内国民待遇」との関係で説明されましたが、PCB 廃棄物の禁輸措置について「違法な収用」に当たるという主張もできるのでしょうか？

Answer

投資受入国が、投資を実質的に無価値にするような行為を行った場合には、「違法な収用」に当たると主張することができます。実際に、S. D. Myers 事件でも、S. D. Myers 側は、PCB 廃棄物の禁輸措置が「違法な収用」に当たると主張していますし、投資受入国の行為が、複数の義務に違反するという主張もよくあります。

S. D. Myers 事件では、仲裁廷は、政府による規制が「収用」に当たるのはごく限定的な場合であることや、問題となった禁輸措置が一時的なもので、投資を実質的に無価値にしてしまうとまでは評価できないことなどを考慮して、「収用」には当たらないと判断しました。永続的な禁輸措置がなされた場合など事実関係によっては、「収用」に当たる場合もありえますので、具体的な事案に即して分析することが重要になります。

Question 利息の請求

損害賠償を請求した場合、利息は認められますか？認められる場合に、起算日や利率はどうなっていますか？

Answer

投資協定仲裁の仲裁判断では、多くの場合、利息が付されています。

起算日は、一般的に、投資受入国による違法行為があった時点とされています。ただし、一連の行為が問題となる前述の「しのびよる収用」などの場合、どの時点を起算日とするかは、事案ごとの判断になります。一連の行為のうち、投資家が、「投資財産への支配を完全に失った時点」を起算日と考える立場が有力です。

利率は、投資先の国の法定利率や LIBOR (London Interbank Offered Rate) などの銀行間取引金利を参考に、仲裁廷が決定します。従来は、元本となる賠償額に対してのみ利息がつく「単利」が一般的でしたが、最近は、一定

期間ごとに利息を元本に組み入れる「複利」が主流になりつつあります。
　投資受入国の違法行為から、仲裁判断までには、早くても数年かかるのがほとんどです。そのため、場合によっては、利息が元本を上回ることすらあります。たとえば、本章で扱ったWena Hotels対エジプト事件では、問題となった投資受入国の行為から、仲裁判断が下されるまでには、10年近くが経過していました。仲裁廷は、エジプトの長期国債の利率を参考に、利率を9％（3ヶ月複利）としました。その結果、ホテルが襲撃を受けたことによる損害額が約900万米ドルに止まったのに対し、利息はこれを超える約1,150万米ドルとなりました。

第4章

投資受入国の反論

第1節
管轄などを争う「先決的抗弁」

◆ 投資受入国の反論

　第3章で説明したように、投資家は、仲裁手続きにおいて、投資受入国（ホスト国）の行為が「公正かつ衡平な待遇」（Fair and Equitable Treatment）の原則や「違法な収用」の禁止に反すると主張します。これに対して、投資受入国は、こうした投資家側の主張に反論するとともに、投資家が主張する損害額を争うのが一般的です。さらに、投資受入国は、仲裁廷の「管轄」など手続的な問題を争うことが少なくありません。「管轄」などの主張は、投資家の請求の「門前払い」を求めるもので、「先決的抗弁」（preliminary objections）と呼ばれます。この章では、「先決的抗弁」の中で、実務上よく争われる重要な論点を解説します。

◆ 仲裁廷の「管轄」とは

　仲裁廷が、投資家の申立てを審理できるのは、仲裁廷にその申立てを審理する管轄権（jurisdiction）が認められる場合に限られます。

　「管轄」には、図表4-1のように、大きく分けて、①人的管轄、②事物管轄、③時的管轄、④管轄合意の4つがあります。人的管轄とは、申立人が申立ての根拠となる投資協定が定める「投資家」に該当するかという問題です。事物管轄とは、投資家が保有する投資が、投資協定上の「投資」に該当するかという問題です。このほか、投資家がICSID仲裁を利用する場合には、問題となる投資協定上の「投資家」や「投資」に当たるだけでなく、ICSID条約上の「投資家」、「投資」にも該当する必要があります。

　時的管轄というのは、申立人の「投資」が投資協定で保護される期間

【図表 4 - 1 】　管轄が問題になる場面

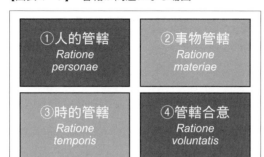

内に行われていたかという問題です。最後の管轄合意は、当事者間で、紛争を仲裁で解決するという有効な合意が存在するかという問題です。投資協定仲裁の実務では、時的管轄と管轄合意が問題になることはほとんどないので、本章では、人的管轄と事物管轄に絞って説明します。

　なお、「管轄」が認められても、その紛争を仲裁廷が扱うことが適切かどうかを判断する「受理可能性」（admissibility）の反論もあります。後で説明する「待機期間」の経過前に仲裁を申し立てたような場合がこれに当たります。「管轄」と「受理可能性」は、厳密に区別することは難しく、本章ではこれらを「先決的抗弁」としてまとめて説明します。

第2節
「投資」と「投資家」に関する反論

◆ 保護される「投資」と「投資家」とは

　投資協定に基づく仲裁では、まず、「入口」の問題として、人的管轄（「投資家」に当たるか）と事物管轄（「投資」に当たるか）が問題になります。投資協定の紛争解決条項では、通常、仲裁を申し立てることができるのは「投資家」に限られていますし、仲裁の対象も「投資」に関する紛争に限定されているからです。前述のSaluka事件でも、Salukaが「投資家」に当たるかどうかが問題になりました。Salukaは、いわゆるSPCで、企業としての実体はありません。こうした「ペーパーカンパニー」が投資協定による保護の対象になる「投資家」といえるのかどうか、ということが問題になったわけです。

【図表4-2】　「投資」・「投資家」の考え方

「投資」(Investment)	「投資家」(Investor)
― 投資協定上の「投資」 ― ICSID条約上の「投資」	― 投資協定上の「投資家」 ― ICSID条約上の「投資家」

　さらに、ICSID仲裁を利用する場合には、個々の投資協定上の投資家や投資に当たるというほかに、ICSID条約上の「投資家」、「投資」に当たることも必要です。ICSID条約では、手続きを管理するICSIDの管轄が、「締約国……と他の締約国の国民との間で投資から直接生ずる法律上の

紛争」（ICSID条約第25条第1項）に限定されているためです（図表4-3）。つまり、ICSIDが管轄を有するのは、投資先の国と外国投資家との間で、投資から直接生じた法律上の紛争に限られるのです。

なお、ICSID条約では、「投資家」を表す用語として、「他の締約国の国民」という表現が使われていますが、ここでは、便宜上「投資家」とします。

【図表4-3】 ICSID条約（抜粋）

第二十五条
(1) センターの管轄は、締約国……と他の締約国の国民との間で投資から直接生ずる法律上の紛争であつて、両紛争当事者がセンターに付託することにつき書面により同意したものに及ぶ。
……
(2) 「他の締約国の国民」とは、次の者をいう。
　(a) ……紛争当事者である国以外の締約国の国籍を有していた自然人。ただし、そのいずれかの日に紛争当事者である締約国の国籍をも有していた者は、含まれない。
　(b) ……紛争当事者である国以外の締約国の国籍を有していた法人及びその日に紛争当事者である締約国の国籍を有していた法人であつて外国人が支配しているために両当事者がこの条約の適用上他の締約国の国民として取り扱うことに合意したもの。

◆ 投資協定上の「投資」とは

投資協定で保護される「投資」とは何を意味するのでしょうか。これは、問題となる投資協定が「投資」（「投資財産」と規定されることもあります）をどのように定義しているかによります。たとえば、日本・カンボジア間の投資協定（図表4-4）では、「投資家により、直接又は間接に所有され、又は支配されているすべての種類の資産」が「投資財産」に該当するとされています（第1条第1号）。この協定では、「すべての種類の資産」に含まれるものは例示されており、有体物だけではなく無体物も含まれています。特許権や許認可なども含まれるので、こうした権利を投資受入国が理由なく取り消した場合には、「投資財産」の侵害として投資仲裁の対象になります。また、こうした記載は、例示なので、具体的

【図表4-4】 日本・カンボジア間の投資協定（抜粋）

> 第一条第一号
> 　「投資財産」とは、投資家により、直接又は間接に所有され、又は支配されているすべての種類の資産をいい、当該投資財産には、次のものを含む。
> 　(a)　企業
> 　(b)　株式、出資その他の形態の企業の持分（その持分から派生する権利を含む。）
> 　(c)　債券、社債、貸付金その他の債務証書（その債務証書から派生する権利を含む。）
> 　(d)　契約に基づく権利（完成後引渡し、建設、経営、生産又は利益配分に関する契約に基づくものを含む。）
> 　(e)　金銭債権及び金銭的価値を有する契約に基づく給付の請求権
> 　(f)　知的財産権（著作権及び関連する権利、特許権並びに実用新案、商標、意匠、集積回路の回路配置、植物の新品種、営業用の名称、原産地表示又は地理的表示及び開示されていない情報に関する権利を含む。）
> 　(g)　法令又は契約により与えられる権利（例えば、特許、免許、承認、許可。天然資源の探査及び採掘のための権利を含む。）
> 　(h)　他のすべての資産（有体であるか無体であるかを問わず、また、動産であるか不動産であるかを問わない。）及び賃借権、抵当権、先取特権、質権その他関連する財産権
> 　投資財産には、投資財産から生ずる価値、特に、利益、利子、資本利得、配当、使用料及び手数料を含む。投資される資産の形態の変更は、その投資財産としての性質に影響を及ぼすものではない。

に記載されていないものでも「投資財産」に含まれます。

　日本・カンボジア間の協定に限らず、多くの投資協定では、「投資」（「投資財産」）は、かなり広く定義されているので、あらゆる資産が含まれるように思えます。

　他方、投資協定上の「投資」の意味が問題になる場合、文言だけでなく、投資協定の趣旨や目的などを踏まえ、実質的な「投資」の概念に当たるものでなければならないとする、Romak S. A. 対ウズベキスタン事件（図表4-5）のような見解もあります。

　この事件では、Romakというスイス企業が、ウズベキスタン政府に小麦を供給する契約を締結していましたが、政府側が支払いを拒絶したため、契約に基づき商事仲裁を提起しました。ウズベキスタンに支払いを命じる仲裁判断を獲得したRomakは、ウズベキスタンの裁判所に執行を求めたのですが、裁判所が執行を拒絶しました。そこで、Romakは、

【図表 4-5】 Romak S.A. 対 ウズベキスタン

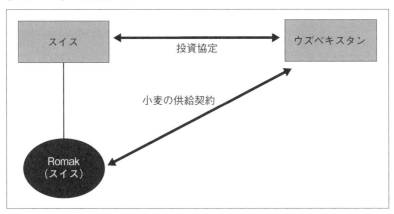

裁判所による執行拒絶などがスイス・ウズベキスタン間の投資協定に違反するとして、UNCITRAL 仲裁を申し立てました。

これに対して、ウズベキスタンは、小麦の供給契約と商事仲裁判断は、投資協定上の「投資」には当たらないと主張しました。スイス・ウズベキスタン間の投資協定では、「投資」とはあらゆる種類の資産を含む（the term "investments" shall include every kind of assets...）とされ、資産が例示列挙されていました。Romak は、小麦の供給契約と商事仲裁判断が、例示列挙されている資産に含まれるから、「投資」に当たると主張しました。

これに対して、仲裁廷は、「投資」の解釈に当たっては、文言だけでなく、投資協定の趣旨および目的を考慮して実質的な「投資」概念を検討する必要があるとしました。そして、スイス・ウズベキスタン間の投資協定が、UNCITRAL 仲裁と ICSID 仲裁の両方を認めていることから、申立人がどちらの手続きを選択するかによって投資協定の保護の内容が変わるのは不合理であるという考えを示しました。ICSID 仲裁の場合には、投資協定上の「投資」に該当することに加え、ICSID 条約上の「投資」にも当たる必要があるのに対し、UNCITRAL 仲裁の場合には、そのような要件はありません。いずれの仲裁を選択するかによって、管轄が認められる範囲に差が生じるのは不適切だと考えたのです。

そのうえで、本仲裁廷は、「投資」といえるには、①投資家による拠出（contribution）があること、②一定の継続性（certain period of time）があること、③リスクを伴うものであることが必要だとしました。なお、拠出は、金銭出資に限定されず、広く経済的な価値を有するものであれば、技術、特許、労務などの提供も含むとしています。

そして、もとの商事仲裁判断が「投資」に当たるか否かは、判断の前提となる契約が「投資」に当たるか否かによる、としました。小麦の供給契約については、①小麦を引き渡しただけであるうえに、ベネズエラから対価を取得できるので、Romak に拠出があったとはいえず、②単発の取引を超える継続性も見当たらず、③ Romak が負担するリスクは、一般的な契約の当事者が通常負担する債務不履行のリスクに止まるとして、「投資」に当たらないとしました。したがって、もとの商事仲裁判断も「投資」には当たらないと判断しました。

◆ ICSID 条約上の「投資」とは

先ほど述べたように、ICSID 仲裁を活用するには、投資協定上の「投資」に当たるだけでなく ICSID 条約上の「投資」にも該当することが必要です。ICSID 条約では、「投資から直接生ずる法律上の紛争」に限って、ICSID の管轄を認めているからです（図表 4 - 3）。ICSID 条約には、「投資」の定義がありませんが、一般に、単に投資協定上の「投資」に当たるだけでは足りず、商取引や貿易と区別されるものとして、実質的に「投資」と評価できるものでなければならないと考えられています。

実質的な「投資」とは何か、を検討する際の判断基準として有名なのは、Salini Costruttori S. p. A. 対モロッコ事件で示された「Salini テスト」です。Salini テストでは、ICSID 条約上の「投資」といえるためには、次の 4 つの要素を満たす必要があるとされています

① 投資家により拠出がなされていること
② 継続性があること
③ リスクの引受けがあること

④ 投資受入国の経済に寄与していること

ただし、Saliniテストも絶対的な基準ではなく、次に説明するElectrabel対ハンガリー事件（図表4-6）のように、Saliniテストを参考にしつつ、やや異なった基準を採用しているものもあります。

【図表4-6】 Electrabel S.A. 対 ハンガリー

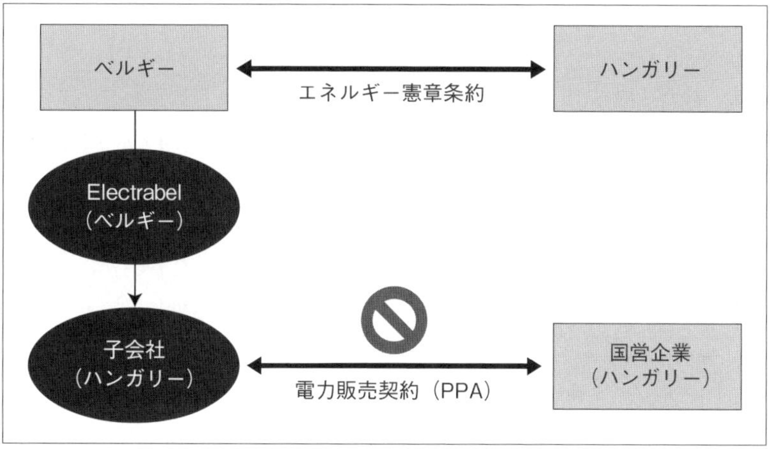

Electrabel事件は、ハンガリーでの発電事業に関する事件です。ベルギー企業のElectrabelは、ハンガリーの子会社を通じて、ハンガリーの国営企業と電力販売契約（PPA）を締結し、発電事業を行っていました。その後、ハンガリー側が、PPAを解除したため、これがエネルギー憲章条約に違反するとして、Electrabelは、ICSID仲裁を申し立てました。

この事件では、発電事業などが、ICSID条約上の「投資」に当たるかどうかが問題となり、仲裁廷は、Saliniテストを参考にしつつも、前記④の投資受入国の経済への寄与は、ICSID条約の重要な目的ではあるが、ICSID条約上の「投資」に当たるか否かの判断の要素にはならないとしました。そのうえで、Electrabelのハンガリーでの発電事業は、事業全体として、前記①から③の要素を満たしており、ICSID条約上の「投資」

に当たると判断しました。

ICSID条約上の「投資」といえるためには、前記3つないし4つの要素が必要だとすると、1回限りの物品の売買契約のような取引は、単なる「商取引」であって、Saliniテストによっても、Electrabel事件の基準によっても「投資」には該当しないとされます。実際の事件でも、物品の売買契約は明らかに「投資」に当たらないとして、ICSID仲裁の手続きを開始するために必要なICSIDへの「登録」が拒絶されています（ICSIDへの「登録」については、第5章で説明します）。

◆ 国内法違反の「投資」

少し珍しい例ですが、Fraport対フィリピン事件（図表4-7）では投資受入国の国内法に違反した投資が、投資協定上保護される「投資」に当たるか否かが問題となりました。

【図表4-7】 Fraport AG Frankfurt Airport Services Worldwide 対 フィリピン

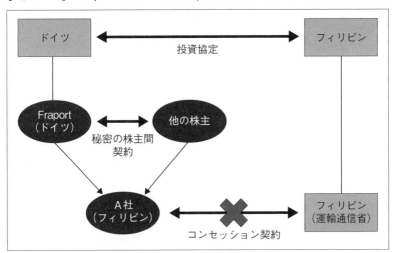

フランクフルト空港などを運営するドイツ企業であるFraportは、フィリピン企業のA社に出資していました。A社は、フィリピン政府と

の間でマニラの空港ターミナルの建設・運営に関してコンセッション（運営権）契約を締結しました。フィリピンの法律では、空港などの公共施設を運営する事業者は、フィリピン国民やフィリピンの会社に限定され、外国投資家の出資は、40％以内に制限されていました。そこで、Fraport は、A社への出資を40％にする一方で、他の株主との間で秘密裏に株主間契約を締結し、ターミナルの運営について「拘束力ある勧告」ができる権利を確保し、A社の意思決定を実質的にコントロールできることにしたのです。

その後、ほぼ完成したターミナルをフィリピン政府が収用しようとしたことから、Fraport は、ドイツ・フィリピン間の投資協定に基づいて、ICSID 仲裁を申し立てました。

仲裁では、フィリピンが、Fraport による投資は、外資規制に関するフィリピンの法律に違反しているので、投資協定上、保護されないと反論しました。仲裁廷は、秘密裏に結ばれた株主間契約は、外資規制の潜脱行為を禁止するフィリピンの国内法に違反するので、Fraport の投資は、投資協定上の「投資」としては保護されないと判断しました。

このように、投資先の国の法律に違反した投資は、投資協定上の保護を受けられないおそれがあります。自社が法令を遵守している場合でも、合弁会社のパートナー企業が現地で賄賂を贈ったような場合、法律に違反した投資となり投資協定上の保護を受けられない可能性があります。

なお、Fraport 事件の仲裁廷は、法律違反の投資がすべて、保護の対象外になるとまではいっていません。たとえば、法務デュー・ディリジェンスで問題視されなかった点について、気づかずに投資に関する法令に違反してしまったような場合には、保護される余地を残しました。適切な法務デュー・ディリジェンスは、現地でビジネスをスムーズに進めるだけでなく、投資協定上の保護を受けるためにも重要です。

◆ 投資協定上の「投資家」とは

次に、投資協定上の「投資家」の意味を説明します。図表4-8の日本・モザンビーク間の投資協定のように、「締約国の投資家」には、通常、企業と自然人の両方が含まれます。企業の場合、締約国の企業かどうかは、基本的に設立準拠法によって判断されます。自然人の場合には、国籍で判断されます。

【図表4-8】 日本・モザンビーク間の投資協定(抜粋)

第一条
(b)「締約国の投資家」とは、次の者であって、他方の締約国の区域内において投資を行おうとし、行っており、又は既に行ったものをいう。
(i) 締約国の関係法令によりその国籍を有する自然人
(ii) 締約国の企業

日本企業が海外で投資する場合、日本企業が直接、海外で投資するのではなく、現地法人や第三国の子会社を通じて投資することもあります。このような場合、誰が「投資家」に当たるのでしょうか。

まず、日本企業が現地法人を通じて投資する場合、現地法人は投資受入国から見て「外国」の投資家ではないので、通常、現地法人は、投資協定の保護を受ける「投資家」には当たりません。この場合、日本企業が「投資家」としての保護を受けます。ただ、現地法人のみが投資できるという外資規制がある国もあり、外国企業が現地法人を設立する場合、現地法人を「外国の投資家」とみなす規定を置いている投資協定もあります。

では、日本企業が第三国に設立した子会社を通じて投資する場合はどうでしょうか。たとえば、日本企業が、A国の子会社を通じて、B国政府(投資受入国)からコンセッション(公共事業運営権)を取得したとします。コンセッションという「投資」を間接に保有する日本企業は「投資家」に当たるのでしょうか。投資協定の中には、「投資」を直接保有する場合だけでなく、間接的に保有する場合も、「投資家」に当たると明記しているものもありますから、その場合は、明白です。また、一般的には、

このような記載がない場合でも、間接的な投資を行っている者も「投資家」に当たると考えられています。したがって、日本と投資先のB国との間に投資協定があれば、日本企業は、「投資家」としての保護を受けることができます。

　さらに、A国とB国（投資受入国）との間に投資協定があり、A国・B国間の投資協定上、A国の子会社が「投資家」に該当する場合は、その保護を受けることもできます。このように、活用できる投資協定が2つ以上ある場合には、最も有利な投資協定の活用を検討します。ただし、投資協定の当事国以外の第三国の投資家が支配している企業に対しては、保護を与えないという「利益否認条項」が置かれている場合もあるので、その都度確認が必要です（「利益否認条項」については、第4節で説明します）。

◆「投資家」が自然人の場合

　自然人による投資の場合、「投資家」に当たるかどうかは、当該自然人の国籍で判断されます。ここでは、国籍法の解釈が問題となったSoufraki事件を見ておきましょう（図表4-9）。

【図表4-9】　Hussein Nuaman Soufraki 対　アラブ首長国連邦

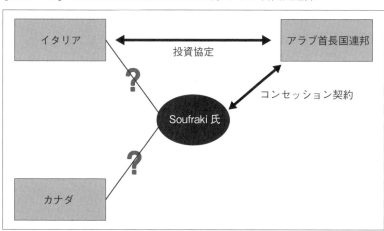

Soufraki氏は、ドバイの港湾運営について当局との間でコンセッション契約を締結していましたが、この契約が解除されたため、イタリア・アラブ首長国連邦（UAE）間の投資協定に基づいて、投資仲裁を申し立てました。
　Soufraki氏は、もともとはイタリア国籍でしたが、その後、カナダ国籍を取得し、コンセッション契約上もカナダ国籍とされていたため、国籍の認定が問題となったのです。
　仲裁廷は、イタリア・UAE間の投資協定上の「投資家」とは、「法律の規定に基づき、国家（執筆者注：この場合はイタリア）の国籍を保有する自然人」のことだとして、イタリアの国内法上、Soufraki氏がイタリア国籍者といえるかが問題になりました。
　本来、ある国の国籍を有している否かは、その国に判断する権限があります。Soufraki氏も、イタリア国籍を保有している証拠として、イタリア当局が発行したパスポートや国籍証明書などを提出しました。仲裁廷もSoufraki氏自身がイタリア国籍者だと信じていたと認定しています。しかし、仲裁廷は、管轄の有無を判断するために必要な国内法の解釈適用は仲裁廷が独自に行うことができるとし、カナダ国籍の取得によりイタリア国籍を喪失したSoufraki氏がその後、イタリア国籍を再取得したかが争点になりました。
　仲裁廷は、イタリア当局発行のパスポートなどだけではSoufraki氏がイタリア国籍を再取得した証拠として十分とはいえず、イタリア法上、イタリア国籍者とは認められないという結論を下しました。
　このように投資協定仲裁では、国内法について仲裁廷が独自の判断をすることがあります。日本法の解釈が問題になったとしても、日本法の知識のある仲裁人が事件を担当しているとは限りません。そのような場合、日本法の専門家の意見書を提出したり、ヒアリングで証言してもらう必要が出てきますので、仲裁廷を説得できる適切な専門家を選任することも大切です。

◆ ICSID条約上の「投資家」とは

前述のとおり、ICSID仲裁を申し立てるには、投資協定上の「投資家」に当たるだけでなく、ICSID条約上の「投資家」に当たることも求められています。

ICSID条約上の「投資家」（「他の締約国の国民」）とは、ICSID条約の加盟国の国民のことです。日本は、ICSID条約の加盟国なので、日本企業も、日本国籍の自然人もICSID条約上の「投資家」になりえます。

自然人の場合、二重国籍者の扱いが問題になることがあります。投資協定との関係では、実務上、まだ結論が出ていませんが、ICSID条約では、投資先の国と他の加盟国の二重国籍者は「投資家」から除外されています（第25条第2項(a)）。したがって、たとえば、アメリカと日本の二重国籍者が、アメリカで投資した場合、日本の投資家とは評価されず、アメリカに対してICSID仲裁を申し立てることはできません。

第3節
仲裁申立ての時期に関する反論

◆ 早すぎる申立て——待機期間の問題

投資協定では、多くの場合、一定期間の和解交渉を経ないと、仲裁を申し立てることができないとされています。これは、仲裁申立て前の「待機期間」あるいは「交渉期間」と呼ばれます。

待機期間の長さは、それぞれの投資協定で異なるので、対象になる投資協定を確認する必要があります。待機期間は、3ヶ月から1年ほどの期間が定められていることが大半で、一番多いのが6ヶ月です。エネルギー憲章条約（図表4-10）の場合は、3ヶ月です。

【図表4-10】　エネルギー憲章条約（抜粋）

第二十六条
(1) 締約国の地域における他の締約国の投資家の投資財産に関する当該締約国と当該他の締約国の投資家との間の紛争であって、第三部の規定に基づく当該締約国の義務の違反であると申し立てられるものについては、可能な限り、友好的に解決する。
(2) (1)に規定する紛争がいずれか一方の紛争当事者が友好的な解決を要請した日から三箇月以内に(1)の規定に従って解決されない場合には、紛争当事者である投資家は、当該紛争を解決するために次のいずれかの手続を選択することができる。
　(a)　紛争当事者である締約国の裁判所又は行政裁判所に当該紛争を付託すること。
　(b)　あらかじめ合意した適用可能な紛争解決手続に従って当該紛争を付託すること。
　(c)　(3)から(8)までの規定に従って当該紛争を付託すること。

待機期間の始期は、「トリガーレター」と呼ばれる文書を送付した時点と考えられています。「トリガーレター」は、紛争が生じている事実と、

当事者間で解決できない場合には、仲裁に付託する意思があることを相手方に伝える正式な通知のことです。一般的には、投資家が投資受入国に対してトリガーレターを送付して協議を始め、少なくとも待機期間が経過するまで和解交渉を行います。しかし、相手国が全く協議に応じない場合には待機期間の経過前に仲裁を申し立てることができるとする仲裁判断もあります。

◆ 待機期間が経過したかどうかが争われた例
　　——Burlington Resources Inc. 対 エクアドル

　第3章で説明したBurlington事件では、待機期間の経過も問題となりました。相手方のエクアドルは、Burlingtonが求めた複数の請求のうち一部について、待機期間が経過していないと反論しました。仲裁廷は、投資家が投資協定違反の事実を指摘してから待機期間が開始するとし、この指摘があったか否かが争点となりました。Burlington側は、「トリガーレター」を送り、紛争の存在を知らせたと主張しました。仲裁廷は、Burlingtonの「トリガーレター」は、内容が不明確で、具体的な紛争の存在を指摘したり、投資協定違反を具体的に指摘したとは評価できないから、待機期間は開始していないと判断しました。

　この事例からも分かるとおり、トリガーレターは、待機期間の起算点になる重要な通知です。争いになった場合、仲裁廷にトリガーレターと認められる内容でなければ意味がありません。確実にトリガーレターとして認められるよう、投資仲裁の専門家のアドバイスを受けて作成することが必要です。

◆ 遅すぎる申立て——期間制限の問題

　投資協定によっては、仲裁申立てができる期間に制限を設けています。そのような場合、紛争発生後、期間が経過してから仲裁を申し立てても、手遅れということになりかねません。投資紛争の場合、紛争の相手方は国家ですから、相手国との関係悪化を避けようと、穏便な解決の可能性を探っているうちに、何年も経過してしまうこともありえます。日本が

最近締結した投資協定には多くの場合、期間制限の規定が置かれています。紛争が発生したときには、この期間制限を意識して手続きを進める必要があります。たとえば、日本が、シンガポールやメキシコと締結している投資協定では、仲裁申立て期間は、いずれも3年となっています。

◆ Fork in the road 条項にも注意

仲裁申立て手続きに関連して、「Fork in the road 条項」と呼ばれる条項があります。これは、「手続選択条項」とも呼ばれます。たとえば、投資家は、紛争が生じた場合に、紛争解決方法として、投資先の国の裁判所、商事仲裁、投資仲裁のうちの1つを選ぶことができるが、1つの紛争解決方法を選択した場合には、ほかの方法は使えなくなるという条項です。フォークの歯の1つを選んだ場合には、ほかの歯は使えないという意味です。この規定が置かれているのは、同じ紛争について複数の紛争解決手段を使うことは許されないと考えられているからです。エネルギー憲章条約（図表4-11）では、国内の裁判所や商事仲裁などほかの紛争解決手段を選んでその手続きを開始した場合には、投資協定仲裁・調停の申立てをすることができないとされています。

【図表4-11】 エネルギー憲章条約（抜粋）

第二十六条
(2) (1)に規定する紛争がいずれか一方の紛争当事者が友好的な解決を要請した日から三箇月以内に(1)の規定に従って解決されない場合には、紛争当事者である投資家は、当該紛争を解決するために次のいずれかの手続を選択することができる。
　(a) 紛争当事者である締約国の裁判所又は行政裁判所に当該紛争を付託すること。
　(b) あらかじめ合意した適用可能な紛争解決手続に従って当該紛争を付託すること。
　(c) (3)から(8)までの規定に従って当該紛争を付託すること。
(3)(a) 締約国は、(b)及び(c)の規定にのみ従うことを条件として、紛争をこの条の規定に基づいて国際的な仲裁又は調停に付託することについて無条件の同意を与える。
　(b)(i) 附属書IDに掲げる締約国は、投資家が(2)(a)又は(b)の規定に基づいて紛争を既に付託している場合には、(a)に規定する無条件の同意を与えない。

では、この Fork in the road 条項が適用され、投資協定仲裁を使うことができなくなるのはどのような場合でしょうか。同じ紛争について複数の紛争解決手段を使うことを禁じるのが Fork in the road 条項ですから、「同じ紛争」か否かをどのような基準で判断するかが問題になります。また、実務上、投資家がいくつかある紛争解決手段のうちの1つを選ぶ機会を与えられていたかという点も考慮されています。

◆ Triple identity test が用いられた例

「同じ紛争」か否かを判断する際によく使われるのが、Triple identity test といわれる基準です。紛争に関する3つの点（①紛争の当事者、②紛争の対象、③請求の根拠）のすべてが同じである場合に初めて、「同じ紛争」であると評価します。

Occidental 事件では、Triple identity test によって、Fork in the road 条項の適用が否定されました。事案は図表4-12のとおりで、Occidental というアメリカ企業とエクアドルの税務当局との紛争です。税務当局が、Occidental に対して付加価値税の返還を拒絶する決定をしました。この決定を争うには、エクアドルの国内法上、Occidental は、20日以内に裁判所に申立てをする必要がありました。Occidental はやむをえずエクアド

【図表4-12】 Occidental Exploration and Production Company 対 エクアドル

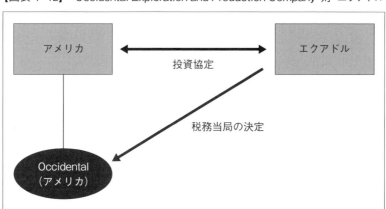

ル国内の裁判所に申立てを行ったうえで、税務当局の行為が投資協定に違反するとして投資協定仲裁も申し立てました。

エクアドル側は、Occidental の仲裁申立ては、Fork in the road 条項により許されないと主張しました。これに対して、仲裁廷は、Triple identity test に沿って、国内裁判所の事件と、投資協定仲裁の事件は、「同じ紛争」とはいえないと判断しました。紛争の当事者は同じですが、裁判所での紛争は、エクアドルの税法という国内法に基づく紛争であり、仲裁は、投資協定という国際法に基づく紛争であり、請求の根拠が異なるというのがその理由です。

さらに、仲裁廷は、Occidental は、税務当局の決定を争うには20日という短期間のうちに裁判所への申立てを行わなくてはならず、紛争解決の選択肢を検討する十分な機会が事実上与えられなかった点にも注目しました。その結果、当事者に選択の機会が与えられたことを前提とする Fork in the road 条項を適用する事案ではないとしました。

◆ Fundamental basis 基準が用いられた例

Triple identity test はかなり厳格な基準ですが、別の基準が採用された例もあります。Pantechniki S. A. Contractors & Engineers 対アルバニア事件では、Pantechniki という建設業者が、建設契約に関する訴訟を国内で提起し、その後、アルバニアの投資協定違反を主張して、投資協定仲裁も申し立てました。仲裁廷は、Fundamental basis という基準を採用しました。この事件は、契約に基づく請求と投資協定に基づく請求なので、先ほどの Triple identity test にしたがえば、別の紛争と判断されます。しかし、仲裁廷は、Pantechniki は、訴訟と仲裁で実質的に同じ救済を求めており、紛争の基本的部分が共通するとして、「同じ紛争」であると判断しました。

このように、仲裁人によって異なる判断基準が採用される可能性があり、Fork in the road 条項が争点になると結果の予測は難しくなります。仮に投資受入国で、税務当局との紛争が発生したとすると、その国での紛争解決手段のみを検討するかもしれません。しかし、その国の裁判所

に訴訟提起した結果、投資協定仲裁が使えなくなってしまうかもしれません。したがって、訴訟を提起する前に、国内法および投資協定の双方に関するアドバイスを得てから、紛争解決方法を選択することが重要になります。

第4節
ほかの注意すべき反論

◆ 権利濫用

　これまでに紹介した以外にも、投資受入国からは様々な反論がなされます。たとえば、国際法上、「権利濫用」とされるような申立ての場合には、管轄が否定されます。こうした例としては、第2章で紹介したPhilip Morris事件があります。この事件では、オーストラリア政府が、たばこのプレーンパッケージ規制を導入する予定であることを公表した後、Philip Morrisグループは、もともとあったオーストラリアへの投資を、香港法人経由の投資に変更し、香港法人が、オーストラリアに対して仲裁を申し立てました。オーストラリア側は、Philip Morrisの申立ては、「権利濫用」で許されないと主張し、仲裁廷は、この主張を認めました。Philip Morrisは、オーストラリア政府がプレーンパッケージ規制を公表した時点で、紛争の発生を合理的に予測できたのであって、その後投資のリストラクチャリングを行って投資仲裁を申し立てることは、国際法上の「権利濫用」に当たると評価したのです。

　このように、紛争の発生が合理的に予測できるようになった時点で投資のリストラクチャリングを行い、投資協定上の保護を求めることは、権利濫用とされるおそれが高くなります。既存の投資がある場合、紛争のおそれが出てきてから投資のリストラクチャリングを行うのは危険ですから、早いうちに投資協定上の保護が受けられるか確認し、必要があれば、速やかにリストラクチャリングを行うことが重要となります。

◆「利益否認」(denial of benefits) 条項

　そのほかに注意すべき反論として、「利益否認条項」に基づく主張があ

ります。まず、代表的な利益否認条項の例として図表4-13の日本・イラン間の投資協定を見てみましょう。

【図表4-13】 日本・イラン間の投資協定（抜粋）

> 第十二条
>   一方の締約国は、他方の締約国の投資家であって企業であるものが次のいずれかに該当することを立証する場合には、当該他方の締約国の投資家及びその投資財産に対し、この協定による利益を否認することができる。
>   (a) 当該一方の締約国と外交関係を有していない第三国の投資家によって所有され、又は支配されていること。
>   (b) 第三国又は当該一方の締約国の投資家によって所有され、又は支配されており、かつ、当該他方の締約国の領域において実質的な事業活動を行っていないこと。

　この条項のように、投資受入国が、投資家に投資協定上の保護を与えないとするのが利益否認条項です。第三国の投資家が、投資協定の当事国にSPCを設立して投資した場合などを、投資保護の対象から外すという場合が典型です。日本・イラン間の投資協定の場合で考えると、アメリカ企業が日本にペーパーカンパニーを設立し、日本企業としてイランに投資したとすると、利益否認条項がなければ、イランは実質的にアメリカの投資家を保護しなくてはなりません。他方、アメリカは投資協定の締約国ではないので、イランの投資家を保護する義務を負わず、不均衡が生じます。これを解消するのが利益否認条項です。

　ペーパーカンパニーであっても投資協定によっては、保護される「投資家」に含まれるという話をすでにしましたが、その場合でも、利益否認条項が適用されると投資協定上の保護が受けられなくなります。したがって、「投資家」の定義だけでなく、利益否認条項についても併せて確認することが大切です。

◆ 利益否認の時期が遅すぎるとされた例
——Ampal-American Israel Corporation 対 エジプト

　利益否認条項は、投資受入国に強力な権限を与えるものですが、いつ

でも行使できるとは限りません。図表4-14のAmpal事件では、利益否認の時期が問題となりました。

【図表4-14】 Ampal-American Israel Corporation 対 エジプト

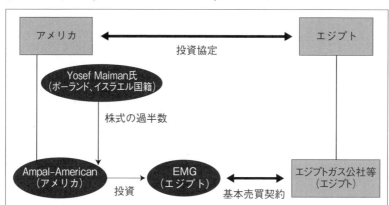

これは、アメリカ企業のAmpalが、エジプト企業（EMG）を通じてエジプトに投資した事例です。エジプト政府が、EMGの免税資格を取り消したり、EMGが国営企業と締結していた契約の一方的な解除を主張したりことから紛争となり、Ampalがアメリカ・エジプト間の投資協定に基づき仲裁を申し立てました。

Ampalの株式の過半数を保有していたのは、ポーランドとイスラエルの二重国籍を有するMaiman氏でした。エジプトは、投資協定の当事国でない第三国の国民（Maiman氏）が支配しているため、Ampalは投資協定上の利益を受けられないと主張しました。仲裁廷は、アメリカ・エジプト間の投資協定の議定書（protocol）（図表4-15）が、投資受入国が利益否認条項を主張する場合には、相手国と迅速に交渉（promptly consult with the other Party）しなければならないと規定している点に注目しました。エジプト側が利益否認の主張をしたのは、Ampalがエジプトに対して紛争の通知を送ってから1年半以上も経過してからです。そのため、エジプトが迅速に（promptly）交渉したとはいえないとして、利益否認の主張

【図表4-15】 アメリカ・エジプト間の投資協定の議定書（抜粋）

> 1. Each Party reserves the right to deny the benefits of this Treaty to any company of either Party, or its affiliates or subsidiaries, if nationals of any third country control such company, affiliate or subsidiary; provided that, whenever one Party concludes that <u>the benefits of this Treaty should not be extended for this reason, it shall promptly consult with the other Party</u> to seek a mutually satisfactory resolution of this matter.

を斥けました。

このように利益否認の対象となりうる場合でも、利益否認のタイミングを理由に投資受入国の反論を封じることができる場合があります。投資受入国と紛争が生じた場合には、投資協定のみならず付属する議定書なども精査して対応することが肝要です。

◆ 「適用除外」（カーブアウト）にも注意

投資協定によっては、投資受入国の一定の行為を、投資協定の適用対象から除外している場合があります。これらは、「適用除外」（カーブアウト）や「例外規定」と呼ばれます。たとえば、多くの投資協定は、投資受入国の課税措置によって投資家が損害を受けたとしても、投資協定の保護が及ばないと規定しています。たとえば、日本・インドネシア間の経済連携協定では、「この協定に別段の定めがある場合を除くほか、この協定の規定は、<u>租税に係る課税措置については、適用しない</u>」（第10条第1項）と定められています。この適用除外に当たるか否かがしばしば問題になります。

◆ 課税措置に関する適用除外

まず、Eiser Infrastructure Ltd. and Energía Solar Luxembourg S. à r. l 対スペインの事例を見ていきましょう。これは、スペインに対する再生可能エネルギー関連の仲裁のうち、投資家側の請求が認められた初めての事件として注目されていますが、「適用除外」も問題になりました。

Eiser は、スペインの投資誘致策に応じて再生可能エネルギー分野に

投資していましたが、スペインが投資誘致策を見直し、売電収入に対する7％の課税制度を導入したため、エネルギー憲章条約に基づき仲裁を申し立てました。エネルギー憲章条約には、課税措置についての適用除外規定があり（図表4-16）、この規定が適用されると、投資家は、損害を請求することができません。そこで、Eiser は、7％の課税は、投資家からの申立てを回避するための方便であって、真の課税措置ではないと主張しましたが、仲裁廷は、この主張を認めませんでした。さらに、Eiser は、スペインの課税措置は、投資財産の「収用」に当たるという主張も展開しました。「収用」に関しては、課税措置についてもエネルギー憲章条約が適用されるからです。これは、いわば「適用除外の適用除外」の規定です。ただし、「収用」に当たるか否かの判断は「権限のある租税当局」に付託することが必要とされていました（図表4-16）。

しかし、Eiser は、スペインとの交渉で、7％の課税が、エネルギー憲章条約上の「収用」に該当するという主張を十分に行っていませんでした。また、「収用」か否かの判断をスペインの税務当局に付託していなかったため、「適用除外の適用除外」の主張は認められませんでした。そのため、7％の課税措置については、「適用除外」により、請求が認めら

【図表4-16】 エネルギー憲章条約（抜粋）

第二十一条
(1) この条に定める場合を除くほか、この条約のいかなる規定も、締約国の課税措置について権利を創設し又は義務を課するものではない。この条の規定とこの条約の他の規定とが抵触する場合には、抵触する限りにおいて、この条の規定が優先する。
……
(5)(a) 第十三条（執筆者注：収用）の規定は、租税について適用する。
　(b) 第十三条の規定に関する問題が生じた場合において、当該問題が、租税が収用となるかならないか又は収用となると申し立てられた租税が差別的であるかないかに関連するときは、次の規定を適用する。
　　(i) 収用となると申し立てる投資家又は締約国は、当該租税が収用となるかならないか又は租税が差別的であるかないかの問題を関係する権限のある租税当局に付託する。投資家又は締約国がその付託を行うことができなかった場合には、第二十六条(2)(c)又は第二十七条(2)の規定に基づいて紛争の解決を要請された機関が関係する権限のある租税当局に付託する。

れませんでした。

このように、Eiser事件の事実関係のもとでは、仲裁廷は、課税措置に関する「適用除外」を認めましたが、事実関係や仲裁廷によっては、課税措置に関する「適用除外」が常に認められるわけではありません。個々の事件で問題となっている課税措置が、果たして、適用除外が認められている「課税措置」なのかは、事実関係や当事者の争い方などによって結論が異なる可能性がある点にも留意が必要です。

◆ 健康保護や環境保護の適用除外

近年の投資協定では、健康保護や環境保護に関する規制を適用除外とする例が多くなっています。たとえば、日本・クウェート間の投資協定では、「人、動物又は植物の生命又は健康の保護のために必要な措置」については、広く投資協定の適用が除外されています（第17条第1項(a)）。

また、TPPにはかなり具体的な適用除外が規定されています（図表4-17）。健康保護を目的とする適用除外の中でも特にたばこに着目している点が特徴的です。先ほど、たばこのプレーンパッケージ規制が投資を

【図表4-17】　TPP（抜粋）

> 第二十九・五条
>   締約国は、自国によるたばこの規制のための措置（注）に対する不服の申立てに係る請求について第九章（投資）第B節（投資家と国との間の紛争解決）に定める利益を否認することを選択することができる。当該締約国がその選択を行った場合には、当該請求は、同節の規定による仲裁に付託することができない。当該締約国は、当該請求について同節の規定による仲裁への当該請求の付託の時までに利益を否認することを選択しなかった場合には、その手続の期間中に利益を否認することを選択することができる。当該締約国が当該請求について利益を否認することを選択する場合には、当該請求は、棄却される。
>
> 注　たばこの規制のための措置とは、締約国の措置であって、製造されたたばこ製品（たばこを原料とする製品及びたばこから得られる製品を含む。）の生産若しくは消費、流通、ラベル、包装、宣伝、マーケティング、販売促進、販売、購入又は使用に関するもの及び検査、記録、報告の要求等の取締措置をいう。たばこ製品の製造者が保有していないたばこの葉又は製造されたたばこ製品の一部でないたばこの葉についての措置は、たばこの規制のための措置ではない。

毀損するかどうかが問題となったPhilip Morris事件を紹介しましたが、Philip Morrisは、オーストラリアだけでなくウルグアイなどに対しても同様の申立てをしており、国際的な注目を浴びました。TPPで、たばこに関する国家の規制権限を認める詳細な適用除外規定が導入されたのは、こういった動きへのけん制ともいえます。なお、この適用除外の規定を含め、TPPの大半の規定は、2018年3月に署名されたCPTPP（環太平洋パートナーシップに関する包括的及び先進的な協定）に引き継がれています。

　このような適用除外の規定は、投資受入国が、仲裁のリスクにさらされることなく規制権限を行使できるようにするためのものです。ここでは、課税措置、健康、環境に関する適用除外を紹介しましたが、最近の投資協定では、適用除外の対象や範囲も拡大する傾向にありますので、適用される投資協定をよく確認しておく必要があります。

投資協定と仲裁 Q&A

Question トリガーレターの送付先

トリガーレターは、具体的に投資受入国のどの機関に送ればよいのでしょうか？

Answer

多くの投資協定では、トリガーレターを投資受入国のどの機関に送付すべきかまでは規定されていません。したがって、送り先は、当事者の判断に委ねられていますが、後々、問題にならないように送付先を選ぶ必要があります。仲裁の中で、投資受入国がトリガーレターを受け取っていないと反論してくることがあるからです。

たとえば、トリガーレターが首相宛に送付された事件では、トリガーレターは、担当者として指定された職員に送付すべきであり、首相宛のトリガーレターは無効だと主張された例もあります（Petrobart Ltd. 対キルギス）。この事件では、行政の長である首相に送付されたトリガーレターは有効と判断されました。こういった反論を受けにくくするため、実務上は、複数の機関に対してトリガーレターを送付しています。具体的には、行政のトップ（首相など）と在外公館に送られることが多いです。

Question 管轄が争われる頻度

実務的には、管轄が争われるケースはどの程度あるのでしょうか？

Answer

一般の国際仲裁の場合には、管轄の有無が中心的な争点になることはあまりありませんが、投資協定仲裁の場合には、事情が異なります。たとえば、2016年に公表された投資協定仲裁の仲裁判断のうち、約30％のケースで管轄の有無が重要な争点となっています。そのうち半数で投資受入国側の主張が認められ、管轄が否定されています。

このように投資協定仲裁の場合、投資受入国が管轄を争ってくることもよくあります。できる限り管轄に関する反論の余地を与えないようにする

ことはもちろんですが、争われてしまった場合には、重要論点と捉えて、慎重に対応する必要があります。

第 5 章

ICSID 仲裁の手続き
仲裁申立て前の交渉から仲裁判断の執行まで

第1節 CASEの検討（前編）

　本章では、CASEを使って、仲裁申立て前の交渉から仲裁判断の執行までICSID仲裁の手続きを説明します。

> **CASE　日本企業によるカナダでの投資（前編）**

◆ 日本企業によるカナダでの鉱山開発プロジェクト

　日本企業である「JapanRocks株式会社」は、カナダで、鉱山の開発を計画しています。同社は、カナダに設立した現地法人「JapanRocks (Canada), Inc.」を通じて、カナダのアルバータ州政府から、鉱山の採掘権（コンセッション）を取得しました。資源調査などを進めていますが、鉱石の産出は始まっていません。

　その後、カナダの連邦政府が、鉱山の開発を制限する法律を制定しようとしているという噂が広がりました。規制の目的が環境保護なのか、それとも特定産業の保護なのかは明らかになっていません。カナダが結んでいる投資協定によっては、環境保護や健康保護などを目的とする規制には、投資協定上の保護が及ばない場合があります。

　仮に、こうした法律が制定されると、JapanRocks (Canada) が予定している鉱山の開発もできなくなってしまいます。

◆ 投資のリストラクチャリング

　日本とカナダとの間には、現状、発行済みの投資協定はありません。そこで、JapanRocksは、投資のリストラクチャリングを行うことにしました。

JapanRocksには、カナダと投資協定を結んでいる国に子会社が2つありました。1つは、アメリカの子会社「JapanRocks (US), Inc.」です。アメリカは、カナダ、メキシコとの間でNAFTA（北米自由貿易協定）を結んでいます。もう1つは、香港法人の「JapanRocks (HK), Ltd.」です。香港とカナダの間には、二国間投資協定（BIT）があります。アメリカ、香港いずれの子会社にも従業員がおり、実質的な事業を行っています。
　NAFTAと香港・カナダ間の投資協定を検討すると、まず、香港・カナダ間の投資協定は、投資家に十分な投資保護を与えていて、内容としては問題ありません。しかし、この協定では、ICSID仲裁を使うことができません。NAFTAの場合は、強力な投資保護が規定されているうえに、ICSID仲裁を使うことができます。
　検討の結果、JapanRocksは、アメリカ法人を通じてカナダに投資することにしました。投資ストラクチャー変更の前後を表したものが次の図表5-1です。変更前は、日本企業のJapanRocksが、直接、カナダの現地法人JapanRocks (Canada) を保有していました。変更後は、JapanRocksは、アメリカ法人 (JapanRocks (US)) を経由して、カナダの現地法人を保有する仕組みになっています。
　もっとも、現在トランプ大統領が、NAFTAからの離脱を示唆していることからすると、今後の推移によっては、JapanRocksは、NAFTAではなく、香港・カナダ間の投資協定の利用を考える必要があります。

【図表5-1】 JapanRocks の投資ストラクチャー

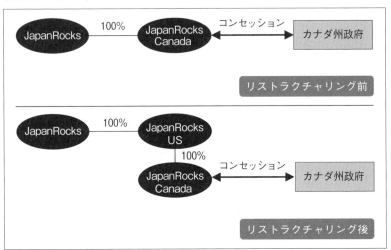

◆ 紛争の発生

　JapanRocks が投資のリストラクチャリングを終えた後、カナダでは噂どおりの法律が制定されました。この法律が施行されると、JapanRocks（Canada）は鉱山開発を中止せざるをえません。

　このような中、JapanRocks グループは、NAFTA に基づく仲裁申立てを検討しています。NAFTA の ISDS 条項（図表5-2）では、ICSID 仲裁か UNCITRAL 仲裁を選択できますが、JapanRocks グループは、ICSID 条約による強力な承認・執行の仕組みが確保されていることを考慮して、ICSID 仲裁を選択することにしました。

【図表5-2】 NAFTA（抜粋）

Article 1119: Notice of Intent to Submit a Claim to Arbitration
The disputing investor shall deliver to the disputing Party written notice of its intention to submit a claim to arbitration at least 90 days before the claim is submitted, which notice shall specify:
(a) the name and address of the disputing investor and, where a claim is made under Article 1117, the name and address of the enterprise;
(b) the provisions of this Agreement alleged to have been breached and any other relevant provisions;
(c) the issues and the factual basis for the claim; and
(d) the relief sought and the approximate amount of damages claimed.

Article 1120: Submission of a Claim to Arbitration
1. Except as provided in Annex 1120.1, and provided that six months have elapsed since the events giving rise to a claim, a disputing investor may submit the claim to arbitration under:
(a) the ICSID Convention, provided that both the disputing Party and the Party of the investor are parties to the Convention;
(b) the Additional Facility Rules of ICSID, provided that either the disputing Party or the Party of the investor, but not both, is a party to the ICSID Convention; or
(c) the UNCITRAL Arbitration Rules.
2. The applicable arbitration rules shall govern the arbitration except to the extent modified by this Section.

第2節 仲裁の申立て
——「勝てるかどうか」を確認する（メリットレビュー）

　投資先の国との間で紛争が発生した場合、まずは、交渉による解決を目指します。多くの投資協定でも、仲裁申立ての前に当事者間で交渉を行わなければならない「待機期間」が定められています。

　交渉の段階で重要なことは、事件の内容を徹底的に分析し、「勝てるかどうか」を検討することです。これを「メリットレビュー」といいます。メリットレビューでは、投資家の主張がどの程度強いのか、弱い部分はどこなのかを検討します。JapanRocks の場合は、NAFTA で、どのような権利が主張できるかを検討します。そして、主張する権利を裏づける証拠の有無を分析し、請求が認められる可能性を予測します。また、カナダ側の反論を想定し、再反論する内容を検討します。

　メリットレビューでは、法的な分析とともに、相手国と交渉する戦略を練ることも重要です。その場合、「トリガーレター」をどの段階で送付するかがポイントになります。第4章で説明したとおり、トリガーレターは、投資受入国に対して、正式に紛争の存在を知らせ、合意により解決できない場合には、仲裁申立てをする意思があることを伝える通知です。

　紛争が生じた直後にトリガーレターを送付し、法的な請求内容を明らかにしたうえで、相手国と交渉する戦略もあります。トリガーレターの送付によって「待機期間」が開始しますから、合意できない場合は、速やかに仲裁に移行できます。一方、トリガーレターは送らずに、話し合いを進めるのが適切な場合もあります。この場合は、法的な主張を明らかにする必要がないので、法的な対立を避け、できる限り和解で解決したいという場合に適しています。メリットレビューの段階で、交渉戦略

を確認しておくことで、仲裁申立てまでのプロセスを予め見通すことができます。

相手方と交渉する段階でも、仲裁の開始に備えて、仲裁手続きの代理人として選任する弁護士の選定を進めておくべきです。メリットレビューを依頼した弁護士を仲裁手続きでも選任する場合もあります。投資先の国など特定の国の法律が問題になることが想定される場合などは、投資仲裁を専門とする弁護士と、関連する国の弁護士とでチームを組んで代理する場合もあります。また、後述するとおり、仲裁には多くの場合、多額の費用がかかります。これを企業自身が負担する場合もありますが、最近は、仲裁費用を負担するThird Party Funding（TPF）を活用することも多くなっていますので、こうした点の検討も始めます。TPFについては第6章で詳しく説明します。

◆ 仲裁申立てまで

仲裁申立て前に必要な手続きは、投資協定ごとに異なりますが、NAFTAの場合は、次のようになります。

NAFTAに基づく仲裁の場合、NAFTA第1119条（図表5-2）にあるように、「トリガーレター」の送付が必要です。多くの投資協定では、トリガーレターの送付先は特定されていませんが、実務上は、相手国政府のトップと投資家企業の国に駐在する大使に送付するのが一般的です。JapanRocksの場合、アメリカ法人（JapanRocks(US)）が申立人になるので、送付先は、カナダの首相とアメリカ駐在のカナダ大使になります。トリガーレターには、紛争に関する基本的な事実関係と、解決できない場合はNAFTAにより仲裁を申し立てることなどを記載します。

NAFTAでは、2つの種類の「待機期間」が定められ、両方を満たさなくてはなりません。まず、NAFTA第1119条によると、仲裁申立てまでに、トリガーレターの送付から90日間が必要です。つまり、JapanRocks（US）は、トリガーレターを送付した後、仲裁を申し立てるまで、約3ヶ月間カナダ政府と交渉しなければなりません。

さらに、NAFTA第1120条（図表5-2）によると、原則として、「紛争

発生」から6ヶ月間が経過しないと、仲裁を申し立てることができません。JapanRocks の場合は、カナダが、新たな鉱山規制を導入した時が「紛争発生」の時点になると考えられるので、そこから6ヶ月経たないと仲裁を申し立てることはできません。

◆ ICSID 仲裁事件の登録

トリガーレターの送付後、待機期間中に交渉で合意できなかった場合、仲裁申立書を ICSID に提出することになります。

ICSID 仲裁の場合、手続き開始には、ICSID において、申立てが「登録」される必要があります。「登録」の審査は、申立書を受け取った ICSID の事務局長が行います。ICSID の事務局長が、「明らかにセンター（執筆者注：ICSID）の管轄外のもの」（ICSID 条約第36条第3項、図表5-3）と判断すると申立ての「登録」が拒絶されます。

【図表5-3】 ICSID 条約（抜粋）

> 第三十六条
> (3) 事務局長は、請求に含まれた情報に基づいて紛争が明らかにセンターの管轄外のものであると認めない限り、その請求を登録する。事務局長は、登録又は登録の拒否を直ちに両当事者に通告する。

この「登録」は、純粋に手続き的な措置で、ICSID 仲裁の特徴の1つです。申立てが登録されると、事件の概要が ICSID のウェブサイトに表示されます。登録が拒絶されるとウェブサイトに表示されませんので、どのような事件が申し立てられたのか分かりませんが、これまでに知られているところでは、ICSID 条約の未加盟国に対する申立てや、未発効の投資協定に基づく申立てなどが「登録」を拒絶されています。

ICSID が登録を拒絶するには、「明らかにセンターの管轄外のもの」であることが必要とされているので、管轄の有無が明確でない場合には、登録されるのが通常です。保護される「投資」に当たるかどうかなどは、慎重な判断が必要になる場合が多いので、通常、登録したうえで、仲裁廷の判断に委ねられます。

第 2 節　仲裁の申立て——「勝てるかどうか」を確認する（メリットレビュー）

CASEの検討——申立ての登録

　JapanRocks の場合、投資が、カナダのアルバータ州で行われていたので、JapanRocks（US）は、カナダの連邦政府ではなく、アルバータ州政府を被申立人として、仲裁申立てをしました。ところが、ICSID の事務局長は、アルバータ州政府との紛争については、ICSID の管轄がないとして申立ての登録を拒絶しました。そのうえで、JapanRocks（US）に対して、改めて申立書を提出するよう要請しました。

　そこで、JapanRocks（US）は、カナダの連邦政府を被申立人とする新たな申立書を ICSID に提出しました。その後、申立てが ICSID に登録され、ICSID 仲裁の手続きが開始されました。

第3節
仲裁人の選任と忌避

◆ 仲裁人の選任の重要性

　事件の勝敗を判断するのは仲裁人ですから、当事者にとって、仲裁人の選任は、最も重要な戦略的ポイントです。実務では、事案に応じた最善・最適な仲裁人を選ぶために、仲裁人の候補者に対して入念なデュー・ディリジェンスを行います。図表5-4は、仲裁人のデータベースの例です。仲裁人の選任に当たっては、こうしたデータベースを参照しながら、事件に最適な仲裁人の候補を絞り込んでいきます。

　ICSID仲裁の場合、原則として3人の仲裁人で仲裁廷が構成されます。通常、当事者がそれぞれ仲裁人を1名選び、当事者による合意などで3人目（首席仲裁人）が選ばれます。法文化や言語が異なることの多い投資受入国との紛争では、投資家側の主張を十分に理解できるような知識や経験をもった仲裁人を選任することが重要です。そして、その仲裁人には、他の仲裁人を説得できるだけの力量が求められます。こうした観点からは、仲裁人の知名度も考慮に値します。

　投資協定仲裁の場合、国際投資法の分野や国際ビジネスに詳しいことも大切です。投資協定仲裁は、投資紛争に特化した仲裁なので、仲裁人は、投資協定や投資に関わる国際法などに精通していることが非常に重要です。また、国際的な投資は、国際的なビジネスの一環として行われるので、国際的ビジネス感覚に優れていることが望ましいです。

　さらに、事件に十分な時間を割けるかどうかも、重要な要素です。投資協定仲裁の手続きは、通常、数年かかります。その間、事件に取り組むための時間を十分に確保してもらわなくてはなりません。仲裁人が忙しすぎると、事件の記録を事前に読む時間がなかったり、ヒアリングの

【図表5-4】 仲裁人データベースの例

Name	Reputation and prominent arbitrator	Int'l investment law experience	Commercial	Familiarity with the relevant case	Relevant language skill	Amenability to third-party litigation funding	Availability
Shortlisted candidates							
A	✓	✓	✓	✓	✓	Unknown	Very busy
B	✓	As counsel	✓	✓	No	Unclear	Very busy
C	✓	✓	✓	✓	No	Unknown	Very busy
D	✓	✓	✓	✓	✓	Seems to be comfortable	Very busy
Other candidates							
E	✓	✓	✓	✓	No	Unknown	Very busy
F	✓	Relatively limited experience	Perhaps less commercial, due to academic background	Unknown	No	Unknown	Not very busy
G	✓	✓	✓	✓	No	Seems to be comfortable	Very busy
H	✓	Mostly private commercial experience	✓	✓	No	Unknown	Busy
I	✓	✓	✓	✓	No	Unknown	Not busy
J	✓	✓	✓	✓	No	Unclear	Very busy
K	✓	✓	✓	✓	No	Unknown	Very busy

日程が確保できない可能性もあります。それでは、進行が遅れるだけでなく、適切な判断も期待できません。当事務所では、投資協定仲裁の場合、仲裁人候補者の3年間の予定を確認しています。

◆ 仲裁廷の構成

前述のとおり、ICSID仲裁の場合、仲裁廷は原則として3人の仲裁人によって構成されます。各当事者は、相手方の同意がない限り、両当事者とは異なる国籍の仲裁人を選任しなくてはなりません。JapanRocksの場合、申立人（JapanRocks（US））は、アメリカ法人で、投資受入国はカナダなので、原則として、アメリカ人とカナダ人を仲裁人に選ぶことは

できません。

3人の仲裁人が選任されると仲裁廷が正式に構成されます。申立ての登録から90日以内に仲裁廷が構成されない場合、当事者は、ICSIDの理事会の議長に、仲裁人の選任を要請できます。たとえば、当事者間の合意で首席仲裁人を選任できない場合がこれに当たります。

このような場合、ICSIDは、実務的には、次のような投票方式でまだ選任されていない仲裁人を任命しています。まず、ICSIDは、複数の仲裁人候補の名前を記したリストを両当事者に送ります。各当事者は、それぞれの候補者について、選任を希望するかどうか、「はい／いいえ（yes／no）」を選択して、ICSIDに回答します。両当事者が同意する候補者がいれば、ICSIDは、その中から仲裁人を選任します。両当事者が同意する候補者がいない場合には、ICSIDが、仲裁人名簿から選任します。ICSIDの仲裁人名簿は、ICSIDのウェブサイトで公表されています。名簿には、ICSID条約の各締約国が選んだ候補者が記載されています。日本の場合、著名な法律学の教授や弁護士が指名されています。

◆ 仲裁人に求められる資質

当事者は、基本的に仲裁人を自由に選ぶことができます。ただし、ICSID条約は、仲裁人について、①徳望が高く、②法律、商業、産業または金融の分野で有能であり、③独立の判断力を行使することができると信頼される者であること、を求めています（ICSID条約第14条第1項、第40条第2項）。

実務上は、「判断の独立性」が争われることが多いです。たとえば、仲裁人に選ばれた弁護士Xと同じ事務所に属する弁護士Yが、別の案件で申立人にアドバイスしていた場合、Xは、「判断の独立性」を欠くでしょうか。この点が争われた事件があります。その事件では、仲裁人が、申立人に、直接、アドバイスをしたことはなく、弁護士Yがアドバイスした案件は、仲裁事件とは全く無関係で、その相談もほぼ終了していました。この場合は、仲裁人の独立性に問題はないとされました。

第3節　仲裁人の選任と忌避

> ＣＡＳＥの検討――仲裁人の忌避

　JapanRocks（US）は、仲裁人として、投資家側から頻繁に指名を受けている国際法学者のカルクルス教授を指名しました。これに不服なカナダは、カルクルス教授は、投資家側に不当に有利な判断をするおそれがあり、独立した判断を行うことができないとして忌避を申し立てました。仲裁人が、前記①から③の資質を欠いている場合、当事者は、忌避を申し立てることができます。「忌避」とは、仲裁人を交代させることです。ICSID条約では、「失格」（disqualification）と表現されています（ICSID条約第57条）。忌避を申し立てるには、仲裁人が「資質を明らかに欠いていること」（ICSID条約第57条）を示す必要があります。仲裁人の忌避については、UNCITRAL仲裁では、仲裁人の公平性、独立性に関して「正当な疑問を生ずる状況」（UNCITRAL仲裁規則第12.1条）があれば足りるとされていますから、ICSID仲裁の「資質を明らかに欠いている」というのは、かなり厳格な要件になっています。

　他方、忌避申立ての時期については、比較的緩やかで、「迅速に、またいかなる場合においても手続きの終結が宣言される時点まで」（ICSID仲裁規則第9条第1項）であれば、申立てができます。仲裁規則によっては、「（忌避申立ての事由を）知り得た後15日以内」（UNCITRAL仲裁規則第13.1条）といった厳格な期間制限が設けられているものもあります。ただし、ICSID仲裁の場合も、申立てが遅れると権利を放棄したとして、申立てが認められないこともあるので注意が必要です。

　忌避の申立てを認めるか否かの判断は、3人の仲裁廷のうち1人が申立てを受けた場合には、残る2人の仲裁人が判断します。その2人の意見が分かれた場合などは、ICSID理事会の議長の決定に委ねられます。

　CASEの場合、カルクルス教授が、これまで投資家側から頻繁に指名を受け、投資受入国側からはあまり指名を受けていないという事実のみでは、忌避が認められる可能性は低いです。しかし、このような理由で忌避が申し立てられた例もあるので、仲裁人の選任には細心の注意が求められます。

第4節
申立ての早期却下

◆ 申立ての早期却下の仕組み

「早期却下」とは、嫌がらせ的な仲裁申立てがあった場合などに、速やかに請求を却下できる仕組みです。早期却下の制度がある仲裁規則はあまりなく、ICSID 仲裁の特徴の1つに数えられます。この制度がないと、濫用的で、根拠のない申立てでも、相手方は、時間と費用をかけて、一連の手続きを行わなくてはなりません。これは、相手方にとって大きな負担となります。そのため、最近では、この制度を導入する仲裁機関も出てきています。たとえば、SIAC（シンガポール国際仲裁センター）は2016年の仲裁規則改正で、この制度を導入しました。

ただし、安易に早期却下が認められると、当事者の仲裁申立ての権利を侵害することになりますから、申立てが却下されるのは、例外的な場合に限定されます。ICSID 仲裁では、早期却下が認められるのは、「manifestly without legal merit」（明らかに法的根拠を欠く）（ICSID 仲裁規則第41条第5項、図表5-5）場合に限られます。

【図表5-5】 ICSID 仲裁規則（抜粋）

> Rule 41
> (5) Unless the parties have agreed to another expedited procedure for making preliminary objections, a party may, no later than 30 days after the constitution of the Tribunal, and in any event before the first session of the Tribunal, file an objection that a claim is *manifestly without legal merit*. The party shall specify as precisely as possible the basis for the objection. The Tribunal, after giving the parties the opportunity to present their observations on the objection, shall, at its first session or promptly thereafter, notify the parties of its decision on the objection...

第4節　申立ての早期却下

　早期却下が申し立てられると、仲裁廷は、第1回期日か、またはその後速やかに判断を下します。仲裁廷が判断を下す前には、それぞれに主張の機会が与えられるので、相手方の一方的主張で判断されることはありません。

　「manifestly without legal merit」（明らかに法的根拠を欠く）という表現からは、「merit」がない請求を対象にしているようにも読めます。「merit」は、一般に、「権利義務の確定」に関するもので、JapanRocksの事例であれば、カナダのNAFTA違反や、JapanRocks（US）の損害額に関わる主張です。「管轄」などに関する主張は、meritに関する主張ではありません。

　そこで、こうした権利義務に関する根拠を欠く場合だけでなく、明らかに「管轄」がないような場合について、早期却下の対象になるかが問題とされました。この点については、「嫌がらせ的な申立てを防止する」という目的との関係では、権利義務に関わる点であっても、「管轄」に関する点であっても、同じです。そのため、「明らかに管轄が認められない」という場合も、早期却下の対象になると考えられています。

◆　早期却下が認められた例

　早期却下が認められた最近の例として、Ansung Housing事件があります（図表5-6）。これは、Ansung Housingという韓国のディベロッパーによる中国でのゴルフ場開発をめぐる事件です。Ansung Housingは、2006年に中国の地方政府との間で、ゴルフ場開発に関する契約を締結しました。ところが、近隣で他のゴルフ場の開発が進み、2009年には競合するゴルフ場が開業しました。Ansung Housingのゴルフ場は経営不振となり、Ansung Housingは、2011年10月、ゴルフ場に関連する投資財産を第三者に売却しました。Ansung Housingは、競合のゴルフ場が違法に開業したために、投資価値が損なわれたと主張して、中国・韓国間の投資協定に基づいて、2014年10月、仲裁を申し立てました。

【図表 5 - 6 】 Ansung Housing Co.,Ltd. 対 中国

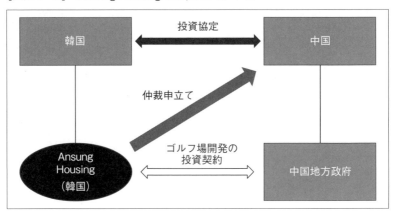

　この投資協定には、投資家が損害を最初に認識したか、認識すべきであった時点から3年が経過した後は仲裁の申立てができないとする規定がありました。中国側は、3年の期間制限に違反し、「明らかに法的根拠を欠く」請求だとして、早期却下を申し立てました。

　仲裁廷は、Ansung Housing は、2011年10月に投資財産を売却しているので、それより前の2011年夏ごろには、投資財産が毀損されたことを認識していたとし、申立ての時点（2014年10月）では、3年の期間制限が経過しており、仲裁申立ては「明らかに法的根拠を欠く」請求だとして、却下しました。

CASEの検討——早期却下

　JapanRocks の事案では、カナダが早期却下を申し立てる理由として考えられるのは、次の2つです。1つ目は、JapanRocks は、自社に不利な立法のおそれが出てきたことから、投資ストラクチャーを変更しているので、申立ては「権利濫用」に当たるという主張です。

　2つ目は、問題とされる立法は、環境保護を目的とする規制であり、NAFTA による保護の対象ではないという主張です。NAFTA では、環境

保護目的の規制は、投資協定上の義務の範囲外とされています。カナダは、これを根拠に、申立人が主張している損害は、投資仲裁の対象にならないと主張するわけです。

　しかし、早期却下が認められるのは、「容易かつ迅速に立証できる場合」とされています。カナダの主張は、権利濫用の具体的内容といった複雑な法的論点の検討を必要とします。また、規制目的を特定するには、慎重な事実認定が必要です。そのため、カナダの主張を検討するには、本格的な法的主張や証拠の提出が必要になり、早期却下が認められる可能性は低いと考えられます。

第5節
先決的抗弁と段階審理（bifurcation）

◆「管轄」に関する問題

仲裁廷の「管轄」の問題については、第4章で詳しく取り上げました。当事者が広範囲の紛争を仲裁で解決することを合意していることが多い商事仲裁と異なり、投資協定仲裁の場合は、仲裁廷の管轄が認められるためには、投資協定やICSID条約などが定める様々な要件を満たしている必要があります。そのため、実務上も、投資受入国は、管轄を争うことが珍しくありません。

◆ 段階審理（bifurcation）

管轄に関する問題は、ICSID仲裁で、先決的抗弁（preliminary objections）として、「本案」（merits）と区別して、先に審理されることがあります。これが段階審理（bifurcation）で、手続きを「管轄の審理」と「本案の審理」に分けることです。

段階審理を行う場合、まず仲裁廷は、管轄の有無に限定して審理し、判断します。管轄があるとされると、本案の審理に移行します。そのため、段階審理になると、一括審理の場合よりも、1年以上審理期間が長引くといわれています。投資家としては、手続きの長期化につながる段階審理は避けたいところです。

段階審理を行うかどうかは、仲裁廷が裁量で決めます。仲裁廷は、段階審理の方が、手続き全体として効率的かどうかという観点から判断します。一般に、管轄と本案の問題が、密接に関連している場合には、一括審理とされることが多いです。投資家側としては、管轄と本案の問題が密接に関連していることを仲裁廷に説得的に訴えることが重要です。

第 5 節　先決的抗弁と段階審理（bifurcation）

ＣＡＳＥの検討──先決的抗弁の提出

　JapanRocks の事案では、カナダは段階審理を求めました。カナダは、JapanRocks が、投資のストラクチャーを変更したうえで NAFTA に基づき仲裁申立てをしたことが権利濫用に当たり、管轄が否定されると主張しています。そして、管轄の問題について先に判断するよう段階審理を要請しました。

　本案の審理では、新たな鉱山規制の導入が NAFTA 違反になるかどうかが中心的争点になると考えられます。この問題と、投資ストラクチャーの変更の問題が、密接に関連し、切り離せないといえるかは、判断が分かれうるところです。ICSID 仲裁の例ではありませんが、第 2 章で紹介した Philip Morris 事件では、権利濫用について先に審理する段階審理が行われました。したがって、JapanRocks（US）としては、仲裁廷が段階審理を認めることも想定しておく必要があるでしょう。

第6節
手続きの透明性

◆ 透明性への要請の高まり

　企業間の紛争を扱う商事仲裁では、手続きは、通常、非公開です。これは、紛争解決手段として仲裁が選ばれる大きな理由にもなっています。

　仲裁手続きが非公開とされるだけでなく、さらに仲裁の当事者が守秘義務を負うか否かは、仲裁規則、仲裁地の法律、仲裁廷の裁量などによって決まります。たとえば、JCAA（日本商事仲裁協会）仲裁規則やLCIA（ロンドン国際仲裁裁判所）仲裁規則では明文で当事者の守秘義務を定めています。

　投資協定仲裁では、国家が当事者になりますし、国の政策の当否が問題になるわけですから、紛争は、公的性格を帯びます。そのため、手続きの透明性が求められます。その結果、仲裁とはいっても、手続きに、完全な秘密性は期待できない仕組みになっています。すでに述べたように、ICSID仲裁の場合は、申立てが登録されると、当事者名などがICSIDのウェブサイトで公表されます。さらに、仲裁判断も、当事者の同意がなくても、理由の一部が公開されます。実際には、ほとんどのICSID仲裁で、仲裁判断全体が公開されています。本書で多くの事件を取り上げることができるのも、過去の仲裁判断が公開されているからです。

　ICSID仲裁以外でも、投資協定仲裁については、一般の商事仲裁とは異なった取扱いをしていることがあります。第2章で紹介したようにUNCITRALでは、2013年に「透明性に関する規則」が定められました。この規則が適用になる事件はまだ多くありませんが、適用されると、主張書面などは、原則として、UNCITRALのウェブサイトで公開されます。口頭審理も原則として公開されます。

さらに、最近の投資協定では、仲裁に関する情報の公開を規定する例もあります。NAFTA や TPP には、仲裁手続きで提出された主張書面などを原則公開するという規定があります。未発効ではありますが、TPP では、仲裁の審理を原則公開とし、高度の透明性を追求しています。

◆ **主張書面や証拠の提出、ヒアリング手続き**

主張書面や証拠の提出方法、ヒアリング手続きの進め方は、商事仲裁と投資協定仲裁でそれほど違いはありません。

まず、書面の提出については、各当事者が、主張書面や陳述書、専門家証人の意見書などを提出します。主張書面は、申立人、被申立人が交互に提出していきます。書面は、提出される順に、「メモリアル」、「カウンター・メモリアル」、「リプライ」、「リジョインダー」と呼ばれます。通常は、主張書面を提出する間に、証拠開示手続きが行われます。大規模な事件では、ヒアリング実施後、再度主張書面を提出する機会が与えられることもあります。

証拠開示手続きは、投資協定仲裁でも、IBA 国際仲裁証拠調べ規則に基づいて行われることが多いです。この規則は、あくまでガイドラインなので、仲裁廷の裁量で、事案の性質に応じて柔軟な対応がなされています。国家が当事者になるので、国家に特有の privilege が問題になることもあります。privilege とは、簡単にいうと、証拠開示の要求を拒むことができる権利です。国家に特有の privilege の代表例は、「審議過程特権」(deliberative process privilege) です。これは、政府の意思決定や政策決定の過程での、議論、分析、勧告的意見などが記載された文書については、開示を拒むことができるというものです。たとえば、JapanRocks(US) が、規制目的を検討した文書の開示を要求した場合、カナダ側は、「これらの文書は審議過程特権で保護されている」として開示を拒むことが予想されます。

ヒアリング手続きについては、投資協定仲裁でも、通常は、商事仲裁と同様に非公開です。しかし、当事者の同意があれば、第三者を立ち会わせることもできますし、ヒアリングを公開する例も出てきています。

製薬大手 Eli Lilly がカナダに対して申し立てた事件では、2016年に、ワシントン DC の世界銀行本部で行われたヒアリングの中継が、別室で一般公開され、注目を集めました。

> CASE の検討──透明性の要請が手続きに与える影響など

　JapanRocks (US) は、ICSID 仲裁を申し立てていますので、事件の概要が ICSID のウェブサイトに掲載されます。仲裁判断は、少なくとも一部が公開されます。また、NAFTA に基づく仲裁なので、各当事者が提出した主張書面なども、原則として公開されることになります。営業秘密等に関する事項など、公開の対象から除外できる情報もあるので、誤って公開されてしまうことがないよう十分注意する必要があります。

第7節
CASE の検討（後編）

> **CASE　日本企業によるカナダでの投資（後編）**

◆ 仲裁判断以後の手続き

仲裁廷は審理の結果、カナダに対し、JapanRocks（US）に1億5,000万米ドルを支払うよう命じる仲裁判断を下しました。カナダ政府が仲裁判断にしたがって任意に賠償金を支払えば問題はありません。しかし、任意の支払いがなされなかった場合には、仲裁判断を裁判所で「執行」する必要があります。

執行以外にも、ICSID 仲裁手続きでは、仲裁判断を得た後の手続きとして、以下のようなものがあります。

- 「訂正」（supplementation and rectification）：仲裁判断に計算の誤りや、誤記などがあった場合の形式的、技術的な修正を行う手続きです。
- 「解釈」（interpretation）：仲裁判断の意味などに争いがある場合に、その意味の確認を求める手続きです。
- 「再審」（revision）：重大な新事実が発覚した場合に、再度、仲裁判断を行うというものです。
- 「取消し」（annulment）：仲裁判断が取り消されると、取得した仲裁判断が無効になります。

これらの仲裁判断後の手続きのうち、特に重要なのは、仲裁判断の執

行と取消しです。次節以降では、この2つを中心に、仲裁判断取得後の手続きを説明します。

第8節
仲裁判断後の選択肢

◆ ICSID 仲裁で仲裁判断後にできること

仲裁は、1審だけの手続きで、裁判所における「控訴」のような手続きはありません。その点では、ICSID 仲裁も同じで、ICSID 条約は、明確に上訴を禁止しています。ただ、ICSID 仲裁においても、仲裁判断を変更できる手続きがあります。それが訂正、解釈、再審、取消しの4つの手続きです。しかし、これらはいずれも、判断のやり直しを行う「上訴」の手続きではありません。

◆ 訂正

「訂正」は、仲裁判断における計算間違い、誤記、脱落といった軽微な形式的、技術的な間違いに限って、仲裁判断の変更を認める手続きです。この手続きで仲裁判断を実質的に変更することはできません。訂正が認められるのは、仲裁判断に引用された証人の名前が間違っていたとして修正するような場合です。訂正は、仲裁判断から45日以内に申し立てる必要があり、訂正ができるのは、もとの仲裁判断を下した仲裁廷に限られます。

◆ 解釈

ICSID 条約は、仲裁判断の範囲や意味について当事者間に紛争がある場合には、その「解釈」を求めることができるとしています。すでに下された仲裁判断の意味内容を明らかにする手続きなので、新しい論点に関する判断を求めることはできません。手続きは、仲裁判断を下した仲裁廷が行いますが、それができない場合は、新たに仲裁廷を構成します。

解釈の申立てについて、期間制限はありません。ただし、実務上、解釈が求められるのは極めてまれです。第3章でも取り上げたWena Hotels 対エジプト事件は、解釈の申立てがなされた珍しい例です。仲裁判断では、Wena Hotels のホテルに関する権利が、エジプト政府に「収用」されたと判断されました。ところが、エジプトは、その後、Wena Hotels に対して、ホテルの賃料を請求する訴訟を提起するなど、Wena Hotels にホテルに関する権利が残されているかのような態度を採りました。そこで、Wena Hotels は、「収用」の具体的な意味について解釈を求めたのです。その結果、収用によって、Wena Hotels は、保有していたホテルに関する権利が「完全かつ永続的に」剥奪され、エジプトはこの権利に対して法的措置を採ることはできないという解釈が示されました。

◆ 再審

「再審」は、仲裁判断後に、新しい事実が発見された場合に、仲裁判断の変更を求める手続きです。再審の申立てをするには、当該事実が、仲裁判断に決定的な影響を与えるものであること、仲裁判断の当時、仲裁廷と再審の申立てをした当事者が、当該事実を認識していなかったこと、さらに申立てをする当事者が、過失なく、その事実を認識していなかったことが必要です。

実務上、再審の申立ても極めてまれですが、申立ての例としては、損害額を減額すべき根拠となる新事実を発見したとして、投資受入国が再審を申し立てた Tidewater Investment SRL 対ベネズエラの事件があります。ベネズエラは、仲裁判断の基礎になった損害項目の金額の誤りが発覚したとして再審を求めました。これに対して仲裁廷は、損害額は、証拠を総合的に判断して算定されるので、新事実によって、ある損害項目の金額が変更されたとしても、損害額全体が変更になるとは限らず、仲裁判断に決定的影響を与えるとはいえない、として再審を認めませんでした。

再審の申立ては、新事実の発見から90日以内で、仲裁判断が出た日か

ら3年以内に限り認められます。なお、仲裁廷が、重要な新事実を発見したとしても、当事者の申立てがない限り、再審手続きを開始することはできません。再審の手続きは、もとの仲裁判断を行った仲裁廷が行いますが、それができない場合は新たな仲裁廷を構成します。

◆ 取消し

「取消し」は、仲裁判断を無効にする手続きです。仲裁判断が取り消されると仲裁開始前の状態に戻ることになります。支払いを命じる仲裁判断があると、必ずといって良いほど取消しを求める国もあり、アルゼンチンは、これまでに複数の事件で取消しを求めています。取消しは、上訴ではないので、もとの仲裁判断が正しいか否かを審理することは許されません。取消しは、あくまで、手続き上の問題の有無を審査する制度です。したがって、仲裁判断の事実認定を修正したり、損害額の算定が誤っているとして金額を変更したりすることはできません。

ICSID 仲裁が始まってから約50年になりますが、実質的に事件を再審理するような取消し決定が下された時期もありました。しかし、「取消し手続きは、上訴ではない」という批判が強まり、近年ではより慎重に判断される傾向にあります。

一般の仲裁の場合には、一定の事由があれば、仲裁地の裁判所に仲裁判断の取消しを申し立てることができます。しかし、ICSID 仲裁では、国家の介入を排除しており、取消し手続きを行うのは、ICSID で、当事者が、関係国の裁判所に対して、仲裁判断の取消しを申し立てることはできません。

仲裁判断の取消しを申し立てるには、次の図表5-7にある「取消事由」のうちいずれかがあることを示す必要があります（ICSID 条約第52条第1項）。

実務上、取消し手続きでは、複数の取消事由が主張されます。ほとんどの場合に主張されるのが、仲裁廷が明らかにその権限を越えたこと（仲裁廷の権限逸脱）、手続きの基本原則からの重大な離反、そして、仲裁判断の基礎になった理由をきちんと述べなかったこと（理由の欠如）です。

【図表5-7】 ICSID条約（抜粋）

> 第五十二条
> (1) いずれの一方の当事者も、次の一又は二以上の理由に基づき、事務局長にあてた書面により、仲裁判断の取消しを請求することができる。
>   (a) 裁判所が正当に構成されなかつたこと。
>   (b) 裁判所が明らかにその権限をこえていること。
>   (c) 裁判所の構成員に不正行為があつたこと。
>   (d) 手続の基本原則から重大な離反があつたこと。
>   (e) 仲裁判断において、その仲裁判断の基礎となつた理由が述べられていないこと。

　そのほか、仲裁廷が正当に構成されなかった場合と、仲裁人に不正行為があった場合も取消事由になっています。ただし、これらが主張されることはあまりありません。仲裁人の不正行為とは、たとえば、仲裁人が当事者から賄賂を受け取っていたような場合が想定されています。また、仲裁廷が正当に構成されなかった場合とは、仲裁人に利益相反事由があった場合などです。ただ、このような場合、当事者は仲裁手続きの中で仲裁人を「忌避」できますから、当事者は事前に主張できなかった理由を説明する必要があります。

◆ 主な取消事由――仲裁廷の権限逸脱

　仲裁廷の権限逸脱は、頻繁に主張されています。仲裁廷に管轄権がないにもかかわらず、本案について判断した場合がこれに当たります。たとえば、ICSID条約上の「投資」に当たる財産がなく、仲裁廷には本案について判断する権限がないにもかかわらず、投資受入国に損害賠償を命じる仲裁判断をしたような場合に、投資受入国は、仲裁廷の権限逸脱を主張して取消しを求めることができます。

　逆に、管轄権があるにもかかわらず、その権限を行使しなかった場合も、仲裁廷の権限逸脱に当たると考えられています。たとえば、複数の請求がなされ、いずれの請求についても管轄があるのに、一部の請求について判断しなかった場合がこれに当たります。

　また、適用すべき法を誤った場合も、仲裁廷の権限逸脱に当たり、取

消し対象となります。適用する権限がない法に基づいて事件を判断してしまったからです。適用すべき法を正しく選択したものの、その解釈適用が間違っている場合に、解釈適用の誤りを直すことは、審理のやり直しになるので、許されません。ただ、この区別は、実際には簡単ではありません。そのため、実質的には、法の解釈適用の誤りに当たる場合に、取消しを認めたとして批判を浴びている例もあります。

◆ 主な取消事由——手続きの基本原則からの重大な離反

手続きの基本原則からの重大な離反があった場合も、取消し対象になります。これもよく主張されます。これを理由に取消しを申し立てるには、①手続きの基本的な原則からの離反があり、②それが重大な離反であることを示さなくてはなりません。「手続きの基本的な原則」というのは非常に抽象的な規定なので、様々な主張の余地があります。

たとえば、仲裁手続きにおいて、主張の機会が与えられる権利の保障があります。また、相手方当事者と平等な取扱いを受ける権利の保障も挙げられます。これらが否定されると仲裁手続きへの信頼が失われてしまいます。したがって、仲裁手続きの根幹に関わる原則であると考えられているのです。ただ、手続きの基本的な原則から離反したといっても、単に基本原則の違反があったというだけでは足りず、それが、仲裁の結果に影響を与えるような重大な違反でなければなりません。

◆ 主な取消事由——理由の欠如

仲裁判断の基礎になる理由をきちんと述べなかったことを理由とする取消しの申立ても多くなされています。仲裁判断の結論に至る理由の説明が不十分な場合や、理由と結論が矛盾している場合などがこれに当たります。

どのような場合に理由の説明が不十分となるかは、それぞれの事案によります。当事者が、数百ページにも及ぶ主張書面を提出することもありますから、当事者が主張するすべての事項について、仲裁判断で理由を説明しなければいけないとすることは現実的ではありません。した

がって、仲裁判断を読めば、仲裁廷が事実や法律について判断した理由が分かり、結論に至る過程が分かる程度の記載があれば良いとされています。

取消し手続きは上訴ではないので、もとの仲裁判断が正しいかどうかを審理することは許されません。仮に結論に至る理由づけが間違っていると思える場合でも、仲裁判断を取り消すことはできません。

◆ 取消しの手続き

取消しの申立てができるのは、仲裁判断の日から120日以内に限られます。仲裁人の不正行為を理由とする場合には、不正行為の発見から120日以内であれば申立てができます。ただし、仲裁判断が下された日から3年以内であることが必要です。

取消し手続きは、もとの仲裁判断を下した仲裁廷ではなく、新たに組織される「特別委員会」（ad hoc Committee）が担当します。基本的に、ICSIDの仲裁手続きと同様の流れで進められ、ヒアリングも行われることが多いです。事案にもよりますが、取消し手続きには、通常1年から1年半程度かかっています。

◆ 執行停止

仲裁判断は、原則として、いつでも執行することができます。そのため、賠償金が支払われた後で、仲裁判断が取り消されることもありえます。そこで、仲裁判断の「執行停止」の制度があり、仲裁判断取得後の手続きを担当する仲裁廷や特別委員会は、決定を下すまでの間、仲裁判断の執行を停止することができます。ただし、訂正手続きの場合は、軽微な修正に止まるので、執行停止は認められていません。

取消しの場合、当事者は、取消しの申立てと同時に執行停止を申し立てることができます。執行停止が申し立てられると、自動的に仲裁判断の執行が停止されます。この執行停止は、暫定的な処分で、手続きを担当する特別委員会が構成されると、特別委員会が、執行停止を継続すべきか否かを30日以内に判断します。再審の場合も同じ仕組みですが、解

釈の場合には、自動的な執行停止の仕組みはありません。

　執行停止は、仲裁判断後の手続きを担当する仲裁廷や特別委員会の裁量で、限定的に認められるものです。そのため、執行停止を求める当事者は、執行停止が必要な具体的事情を示さなくてはなりません。最近、この点が問題となった例として、第3章で紹介した、Burlington対エクアドル事件の決定があります。エクアドルは、仲裁判断の取消しと執行停止を申し立て、執行停止を継続すべきかどうかが問題になりました。エクアドルは、執行停止が取り消されると、健康、教育、福祉分野の国家予算に悪影響が出ると主張しました。しかし、仲裁判断が取り消されない限り、投資受入国は、財政困難を理由に賠償金の支払いを拒むことはできません。特別委員会は、国家予算への悪影響は、執行停止の必要性を示す事情とはいえないとして、執行停止の継続を認めませんでした。

　なお、実務上、担保金の提供を条件として、執行停止が認められる場合があります。不当に審理を長引かせる目的で、取消しなどを申し立てているのではないことを示すためです。ただ、担保金提供を執行停止の条件とできるかについては、仲裁廷・特別委員会によって見解が分かれています。

CASEの検討――仲裁判断の取消し

　JapanRocks (US) が仲裁判断を獲得した翌日、大手カナダ紙に、JapanRocks (US) が選任した仲裁人のカルクルス教授が、ヒアリング直後に、資源業界のロビイストたちを招いた豪華クルージングパーティーに参加していたという記事が掲載されました。カナダ政府は、JapanRocks (US) が、カルクルス教授をパーティーに招待したとして、仲裁人の不正行為を理由に仲裁判断の取消しと執行停止を申し立て、暫定的に仲裁判断の執行が停止されました。

　ICSIDでは、取消し手続きのため特別委員会が設置されました。特別委員会は、カナダが過去の仲裁事件で適切に支払いに応じていたことを重視し、担保金の提供を要求することなく、執行停止の継続を認めまし

た。しかし、1年後、特別委員会は、不正行為の証拠はなかったとして、仲裁判断の取消しを拒絶しました。これにより、仲裁判断は最終的に確定しました。

第9節
仲裁判断の執行

◆ 多くの国は任意の支払いに応じている

　ICSID仲裁の場合、支払いを命じられた投資受入国の多くは、仲裁判断にしたがって、命じられた金銭を任意に支払っています。全額一括の支払いが難しい場合でも、分割払いやディスカウントの交渉をして、支払いに応じる例もあります。

　他方、アルゼンチンなど、支払いを拒絶した国もあります。こうした場合には、強制的に支払いを求める「執行」手続きを行う必要があります。アルゼンチンは、近年、いくつかの仲裁判断について、投資家側と和解して支払いに応じています。2013年には、5件の仲裁判断について和解し、合計5億米ドルを超えるアルゼンチン国債を賠償金の支払いに充てています。また、2016年には、新たに2件の仲裁判断について、約30％の減額と引き換えに和解が成立しています。これは、支払い拒絶による世界経済からの孤立を脱するためともいわれています。

◆ 仲裁判断の「承認」と「執行」

　投資受入国が任意に賠償金を支払わない場合には、裁判所に訴えて、仲裁判断に基づく支払いを強制しなければなりません。この手続きが仲裁判断の「執行」です。

　他方、仲裁判断の「承認」とは、裁判所がその仲裁判断に法的な効力を認めることです。裁判所に仲裁判断の承認だけを求めることは通常ありませんが、執行手続きの際に仲裁判断が承認されるかどうかが併せて問題になることがあります。

◆ ICSID条約とニューヨーク条約

　第8節で述べたとおり、仲裁には上訴がありませんから、仲裁判断は原則としていつでも執行することができます。仲裁判断の執行という観点からは、投資協定仲裁は、ICSID仲裁とそれ以外に分けることができます。まず、ICSID仲裁の場合は、ICSID条約に基づき、締約国であればどこでも執行することができます。ICSID条約の締約国は150ヶ国以上にのぼりますから、投資受入国の財産があるところであれば、世界のほとんどすべての国や地域で執行することができます。

　他方で、UNCITRAL仲裁規則に基づく仲裁など、ICSID仲裁以外の場合には、通常の商事仲裁と同じように、ニューヨーク条約により執行することになります。ニューヨーク条約も加盟国は150ヶ国以上あり、多くの国で執行することができます。ただし、ニューヨーク条約では、各国の裁判所が、仲裁判断の承認執行を拒否できる理由を定めているので、注意が必要です。「有効な仲裁合意がなかった場合」や「公の秩序に反する場合」などが承認執行の拒絶事由になっています。それぞれの国は、ニューヨーク条約に基づいて執行に関する国内法を整備しています。日本では仲裁法や民事執行法などが具体的な手続きを決めています。日本の場合、ニューヨーク条約に基づく執行をするには、まず、裁判所で「執行決定」を得ます。この手続きには数ヶ月を要することもあります。仲裁判断と執行決定がそろって初めて債務名義となり、強制執行ができるようになります。

◆ ICSID条約に基づく執行

　ICSID条約は、ニューヨーク条約と異なり、承認執行の拒絶事由が定められていません。そのため、より強力に仲裁判断の執行が確保される仕組みになっています。ICSID条約の締約国では、ICSID仲裁判断は、国内裁判所の確定判決と同じ位置づけになります。たとえば、日本はICSID条約の締約国ですから、ICSID仲裁判断は、日本の裁判所の確定判決と同じ扱いになります。ただし、ICSID仲裁の仲裁判断は、通常英語で書かれ、通貨はドルやユーロなど様々ですから、和訳が必要になる

など細かな違いはあります。ICSID 仲裁の仲裁判断が日本で実際に執行された例はまだなく、実務上の手続きが明確ではありませんが、仲裁判断自体が債務名義になり、それに基づいて強制執行できると考えられています。先ほど説明したように、ニューヨーク条約による執行の場合には、先に執行決定を得る必要がありますが、ICSID 仲裁の場合は、この手続きを省略できるので、ICSID 仲裁の方がより迅速な執行が期待できます。

ただ、投資協定仲裁の場合は、相手方が国家です。国家は、一般に、他の国の裁判権に服さないと考えられています。そのため、国家の財産に対して外国の裁判所が強制執行をすることができるかが問題になります。

日本の裁判所で執行する場合には、外国の財産のうち執行対象になるものを整理する対外国民事裁判権法にしたがいます。対外国民事裁判権法は、「非商業的目的以外にのみに使用」される、あるいは、使用される予定の財産であれば、執行の対象になると規定しています。要するに、国家の主権にかかわる財産については執行の対象にはできません。しかし、外国政府が、日本で保有している賃貸用オフィスなどは執行の対象になります。売却目的で海外から持ち込まれた外国政府保有の美術品も同様です。このような財産は主権の行使とはかかわらないので、一般の企業や個人の財産と同じように扱ってよいという判断です。

反対に、執行の対象にならないのは、国家主権の行使にかかわる財産です。たとえば大使館の土地建物は、外交権の行使にかかわるので執行対象になりません。また、戦闘機や軍用艦船も国防にかかわるので執行対象になりません。

CASEの検討——ICSID 仲裁判断の執行

カナダのような先進国であれば、自主的に支払う可能性が高いですが、仲裁判断の執行が必要になった場合に JapanRocks が検討すべきことは、2つあります。1つは、どの国で、どの財産を執行するかを決めること

です。もう1つは、執行する国の裁判手続きを熟知している弁護士を選任することです。

　まず、執行する国を決めるには、相手国の資産を調査します。資産調査会社に依頼して、執行しやすい財産がどこの国にあるのか探し出してもらいます。資産調査を通じて、150ヶ国以上あるICSID条約締約国の中から、現実的な選択肢を絞り込みます。執行できる財産が複数の国にある場合には、執行手続きが円滑に進む国を選びます。たとえば、ニューヨークの銀行にあるカナダ政府の預金を執行するとします。アメリカの裁判所での手続きですので、アメリカの弁護士に依頼しますが、ICSID仲裁判断の執行を経験したことのある弁護士との連携も重要になります。

投資協定と仲裁 Q&A

Question 自国政府への相談

日本企業が投資協定仲裁を申し立てる場合、官庁や在外公館に相談した方がうまくいきますか。

Answer

投資家が投資協定仲裁を申し立てる前には、自国政府に相談するのが一般的です。投資受入国との交渉に際しては、自国政府の支援が受けられれば、交渉上も有利です。当事務所も、日本企業が投資協定仲裁の申立てを検討する前の段階で、外務省や経済産業省への相談についてアドバイスしています。いつ、どこに相談すべきかなど、早い段階で専門家と相談することが重要です。

仲裁手続きが始まってからも、仲裁手続きの外で自国政府の支援を求めるということはありえます。しかし、投資協定仲裁の手続き自体は、国家の影響力を排除して行われます。そのため、自国政府に相談することで仲裁手続き自体が有利に進むということは考えにくいです。

Question 他の投資家の動向

当社の投資が投資受入国から不当な権利侵害を受けています。当社と同じような被害にあった複数の投資家が、投資受入国に対して投資協定仲裁を申し立てています。投資受入国と交渉する場合、他の仲裁の様子を見て、投資家に勝ち目があると分かってから交渉を始めるほうがよいでしょうか。

Answer

投資協定仲裁では、多くの場合、仲裁判断が公表されるので、結果を見てから交渉するのも1つの戦略です。ただし、以下の点に留意して戦略を立てることが重要です。

・ 仲裁判断は、後の仲裁判断を拘束しません。もちろん、投資家は、有利な仲裁判断を交渉材料として利用できますが、仲裁になった場合、

類似の事案であっても同じ判断が下るとは限りません。
- 多くの仲裁申立ての相手方となっている国は、仲裁を申し立てていない投資家との和解交渉には応じないのが一般的です。国を和解交渉のテーブルに着かせるために、投資協定仲裁を提起しなければならない場合もあります。
- 本章で述べたとおり、投資協定によっては、仲裁申立てが許される期間が制限されています。たとえば、日本・シンガポール間のEPA、日本・マレーシア間のEPAでは、3年の期間制限があります。同種の案件の様子を見る場合でも、その後の交渉期間や交渉が不調に終わった場合に仲裁を申し立てる準備期間も考えておく必要があります。
- 投資受入国が仲裁判断に従って任意に支払わない場合、投資家は、執行が容易な国で執行します。そのため、申立てが遅れると、そうした国で執行できる財産をみつけるのが困難になることもありえます。

Question　アメリカにおける執行と主権免除

仲裁判断を任意に履行しない投資受入国に対し仲裁判断を執行しようとする場合、アメリカにある財産を執行の対象にしようとすることが多いと思われます。アメリカでは、「主権国家の不可侵性」はどのように扱われているでしょうか。

Answer

アメリカの外国主権免除法（the Foreign Sovereign Immunities Act）は、ICSID条約などの条約に基づく仲裁判断の承認・執行から、主権国家は免除されないと規定しています。もっとも、2017年に、連邦第2巡回区控訴裁判所は、多くの執行手続きで行われるような、相手方の審尋を経ない一方的な申立てによる仲裁判断の執行は許されないという判断を示しました。したがって、アメリカ国内で仲裁判断を執行するには、相手方である投資受入国に対する通知が必要となります。

執行に際してどの財産を対象とするかを判断するうえでも、「主権国家の不可侵性」が問題になります。多くの国家は、アメリカ国内に資産を有していることから、アメリカは真っ先に執行の候補地に挙がります。また、

アメリカで執行する場合、ディスカバリーを通じて、投資受入国が保有している世界中の財産を探索できることからも、アメリカでの執行は人気があります。

しかし、外国主権免除法では、アメリカ国内で「商業的活動（commercial activity）」に利用されている資産以外については、国家の資産は、執行の対象にならないとされています。外国主権免除法は、「商業的活動」とは、「一般的な商業的行為」または「特定の商業的取引または行為」と定義しています。アメリカの連邦最高裁判所は、外国政府が、市場に対する規制当局としてではなく、市場における私人と同様に活動する場合、その行為は、当該国家の「商業的活動」に当たるとの判断を示しています。具体的には、物品の売買、債務の借換えなど、一般私人が行える活動については、「商業的活動」に当たると考えられます。

もっとも、どのような活動が「商業的活動」に当たるかの判断は難しい場合も多く、紛争に発展することも珍しくありません。したがって、アメリカ国内で仲裁判断の執行をする場合、事前に弁護士と相談のうえ、執行しようとしている財産が、「商業的活動」に用いられているかどうかを見極める必要があります。

第 6 章

仲裁の費用と投資紛争の将来

第1節 はじめに

投資協定仲裁は、油田開発、鉱山開発にかかわるものなどが多く、事案も複雑で、請求額も高額な場合が多くなります。その結果、投資協定仲裁の審理には、時間がかかり、費用も高額化しがちです。そこで、本章では仲裁にかかる費用と、節約のポイントを解説します。そのうえで、仲裁費用を捻出する新たな手法として注目を集める Third Party Funding（TPF）について説明します。

最後に、投資裁判所システム（ICS）など投資紛争をめぐる新たな動きを紹介します。

第2節
投資協定仲裁に要する費用

◆ 仲裁人の報酬・費用

　投資協定仲裁の費用としては、まず、事件の審理を担当する仲裁人に支払う報酬と費用（実費）があります。内容が複雑で、規模も大きいため、投資協定仲裁では、ほとんどの場合、3人の仲裁人を選任します。一般の商事仲裁と同様、投資協定仲裁でも、仲裁人に支払われる報酬や諸費用は、原則として、当事者双方が負担します。そして、商事仲裁の場合と同様に、ICSID仲裁の場合も、仲裁判断の中で、費用の負担方法を決めます。

　なお、仲裁人に関連する費用だけでなく、仲裁機関の手数料、代理人や専門家証人の費用などを、当事者間でどのように負担すべきかについても仲裁判断で決定されます。ICSID仲裁では、費用負担について具体的な基準はないので、仲裁廷が事案ごとに裁量で決定します。投資家の請求が認められる場合は、投資家側の負担割合が少なくなるというのが近年の傾向です。また、投資受入国が管轄を争ったものの、その根拠が乏しく、結果的に管轄が認められた場合には、管轄に関する審理の費用は、投資受入国側の負担とされることもあります。

◆ 仲裁機関の手数料など

　次に、仲裁機関に支払う費用があります。ICSID仲裁の場合、仲裁手続きを管理するICSIDに対して、申立手数料や運営費用などを支払います。仲裁判断後に、その取消しや解釈などを求める場合には、別途、費用がかかります。ただし、世界銀行からの援助もあり、ICSIDの手数料は、他の国際的な仲裁機関と比較すると、低額です。

◆ 代理人の報酬・費用

　さらに、代理人の報酬もあります。仲裁の場合、通常、代理人の資格に特別な制限はありませんが、専門性の高い分野なので、投資協定仲裁に十分な経験を有する弁護士に依頼する必要があります。多くの場合は、国際仲裁を専門とする法律事務所に依頼しますが、投資受入国の弁護士に依頼することもあります。場合によっては、投資仲裁を専門とする弁護士と、現地法の弁護士が、共同して事件を代理することもあります。たとえば、アルゼンチンとの仲裁の場合には、アルゼンチン法の分析が必要なこともありますし、アルゼンチン政府との紛争を取り扱ったことのあるアルゼンチンの弁護士がいた方がよいと考えられます。

　仲裁費用の中では、代理人弁護士の報酬が多くの割合を占めますが、弁護士報酬は、タイムチャージ制が主流です。そのため、手続きに時間がかかると費用も膨らむことになります。ですから、いかに手続きを効率化するかが、費用管理の観点からも重要になります。

◆ その他主張立証に関連する費用など

　仲裁での主張立証にかかる費用としては、まず専門家の費用が挙げられます。仲裁手続きでは、損害額の算定のために、会計士や学者に意見書の作成を依頼したり、専門家証人として証言してもらって、損害額を立証する手法がよく採られます。こうした意見書の作成や証人として出廷してもらう費用がかかります。

　次に、事実証人にかかる費用です。事実証人は、事実関係を明らかにするために証言してもらう人で、プロジェクトの担当者など、事案をよく知っている人に依頼します。こうした証人を呼ぶのにも費用がかかります。

　さらに、ヒアリングなど仲裁の手続きに関連して発生する費用があります。ヒアリングの会場使用料や速記者（court reporter）、通訳者などの費用です。国際仲裁では、証言などをすべて速記者が速記して、証言台や、仲裁人・代理人の机に設置されたモニターにリアルタイムで表示するのが一般的です。代理人は、速記録を見ながら尋問しますし、証人は、

自分の証言が、正確に記録されているか目の前のモニターを見て確認することができます。内容に間違いがあればその場で修正を求めることもできます。事案によりますが、証人尋問は、1、2週間続くこともあります。その場合は、尋問が行われた日のうちに、速記録のデータが弁護士のもとに届き、速記録を確認しながら、次の日の尋問の準備をすることが可能です。

また、日本企業の事件であれば、日本人が証人になることもあります。英語が堪能な人が証人になるのであれば通訳は必要ないと考えられる場合もありますが、そうした場合でも、通訳を使った方がよいこともあります。母国語の方がより正確に答えられるという点もありますが、通訳を介することで、一呼吸おいて回答でき、不用意な発言を避けることもできます。他方、通訳を通じての尋問は、通訳なしの尋問に比べると2倍以上も長い時間がかかるのが通常です。時間が長くなると、通訳者の費用だけでなく、仲裁人や代理人の費用、会場使用料など手続き費用全体が増加することになります。したがって、事案に応じて、通訳の要否を判断することが必要です。

これら以外にも、仲裁では、多種多様な費用が発生します。日本語の文書を証拠として提出するための英語などへの翻訳費用もあります。海外でヒアリングが行われる場合は、交通費や宿泊費がかかります。証拠開示手続きに専門業者を利用する場合には、その業者への費用も生じます。

また、仲裁を進めるには、プロジェクトの担当部署や法務部など様々な部署の協力が不可欠です。証拠の収集、弁護士との打ち合わせ、ヒアリングへの出席など、会社（場合によっては、経営幹部）が仲裁手続きに割かなければならない時間も無視できません。

◆ 投資協定仲裁にかかる具体的金額は

一般的に、投資協定仲裁にかかる費用は、かなり高額です。目安として、1年間に150万米ドル程度かかります。一般的な投資協定仲裁の場合、手続きが終わるまでに4年ほどかかることが多いので、単純に計算

しても約600万米ドルほどの費用がかかることになります。

　しかし、正当な申立てであれば、こうした費用と時間をかけても、投資協定仲裁を行うメリットはあります。投資協定仲裁では数百億円、数千億円規模の損害賠償が認められることも多く、大きな成果を得ることができるからです。さらに、仲裁手続きの費用を負けた側に負担させる仲裁判断が出ることもあります。

　ここで、投資協定仲裁の費用をデータで見ていきましょう。図表6-1は、ICSID仲裁にかかる平均的費用を算定したものです。

【図表6-1】　ICSID仲裁の費用

ICSID仲裁にかかる平均的費用（2011年-2015年に終結したもの）

	申立人負担費用	被申立人負担費用	仲裁人報酬
平均値	US$5,619,261.74	US$4,954,461.27	US$882,668.19
中央値	US$2,913,786.50	US$3,650,252.62	US$875,907.97

出典：Jeffery P. Commission, 'How Much Does an ICSID Arbitration Cost? A Snapshot of the Last Five Years', Kluwer Arbitration Blog, February 29, 2016

　申立人の負担費用の平均値は、561万米ドルほどで、約6億円かかっていることが分かります。投資受入国である被申立人の負担費用の平均値は、495万米ドルほどです。

　仲裁人報酬は、基本的に当事者で分担するので、各当事者は、それぞれの負担費用に加えて、仲裁人報酬を負担することになります。

　仲裁事件は、小さな事件から非常に大きな事件まで多様ですので、中央値は、平均値よりも少なくなっています。しかし、いずれにしても、投資協定仲裁には、数億円単位の高額な費用がかかります。

　申立人側は、立証責任を負っていますから、一般的には、被申立人側よりも費用がかかるといわれています。また、投資協定仲裁の場合、被申立人（投資受入国）は費用を税金でまかなうわけですから、コストに敏

感といわれます。

◆ 投資協定仲裁費用の実例

では、図表6-2の実例を見ていきましょう。

【図表6-2】 ICSID仲裁にかかる費用の実例

主任弁護士の報酬	仲裁機関の手数料	共同弁護士	専門家証人費用	証人・担当者の費用	費用合計
$4,996,907	$474,500	$467,000	$1,365,821	$156,272	$7,460,500

注：
・ICSIDの事案
・事実証人4名、専門家証人2名
・段階審理（bifurcation）なし
・仲裁申立てから仲裁判断までの期間：40ヶ月

これは、10年以上前になりますが、当事務所が申立人側を代理したICSID仲裁の事件での、費用に関する主張（costs submission）を基にしています。合計で、約750万米ドルの費用がかかっていますが、この事件では、投資受入国に対し、申立人側の弁護士費用などの大半の負担を命じる仲裁判断が下されました。

この事件では、損害額を立証するため、2名の経済の専門家を証人として呼んでいます。この専門家証人を呼ぶためにかかった費用が「専門家証人費用」に当たります。また、事実証人を4名呼んだので、「証人・担当者の費用」がかかっています。

図表6-2は、申立人の費用に関する主張で挙げられた項目なので、仲裁廷が決定する仲裁廷の報酬・費用などは含まれていません。なお、この事件での仲裁廷（仲裁人3名）の報酬は、約85万米ドルと決定され、前述のようにその大半を投資受入国が負担することになりました。

第3節
費用管理のポイント

◆ ポイントを押さえる

　仲裁でも、一般的には、損害賠償を請求する側に、請求権の存在を主張立証する責任があります。投資協定仲裁でも、請求を認めてもらうには、主張立証に十分な時間と費用をかける必要があります。したがって、主張立証に支障が出るような費用の節約は本末転倒ですが、手続きを効率化することで費用を節約することは可能です。以下では、仲裁にかかる費用をできるだけ節約するポイントを紹介します。

◆ 申立て前が勝負、「入り口」（管轄）の問題を発生させないための工夫

　第4章でも触れましたが、投資協定仲裁では、投資受入国が管轄を争うことがよくあります。管轄が大きな争点になると、本来の争点に入る前の段階で時間がかかってしまいます。管轄と本案の審理を分ける段階審理（bifurcation）を行うことになると、ますます、時間と費用がかかります。管轄が争点になると事件の見通しがつきにくくなるために、後出のThird Party Fundingを利用する障害になることもあります。したがって、投資家側としては、投資を決断する段階から、投資受入国に管轄を争う余地を与えないように準備しておくことが、重要になります。

　ここでは、2つの点に絞って説明します。

　1つ目は、投資受入国に、保護される「投資家」や「投資」に当たらないという主張をさせないことです。たとえば、投資受入国と投資契約を締結する場合には、契約の対象が「投資」であることを契約書に明記しておくことが考えられます。これにより、仲裁になったとき、投資受入国が「申立人は『投資』を保有していない」と主張するのを防ぐこと

ができます。また、申立人が「投資家」に当たらない、と反論されないようにしておくことも大切です。「投資家」の範囲は投資協定によって異なっています。SPCなどペーパーカンパニーは投資家に当たらないとする投資協定もあります。そこで、投資を行う段階で、適用される投資協定の内容を十分確認すべきです。もし、「投資家」に当たるか疑問が残る場合には、投資ストラクチャーの変更も検討します。

2つ目は、申立てまでの手続きをきちんとしておくことです。投資協定では多くの場合、「和解できなければ、仲裁を申し立てる」というトリガーレターを投資受入国に送った後、6ヶ月程度の待機期間が経過しないと仲裁を申し立てることができないことになっています。トリガーレターであることが明確でないと、「受け取ったのは、面会を求める通知で、トリガーレターは受け取っていない」と反論されてしまいます。

◆ 適切な仲裁人を選任する

仲裁で勝つためには、仲裁人の選任が非常に重要であることは前述のとおりですが、無用な支出を省くという観点からも、適切な仲裁人を選任することが重要です。

まず、その仲裁人が、争われている投資に精通していることが大切です。たとえば、鉱山開発が問題になった場合、資源分野に詳しい仲裁人を選任しないと、まず資源開発の実務について説明しなければならなくなります。

さらに、案件管理能力のある仲裁人を選ぶことも大切です。仲裁手続きでは、全体のスケジュールを最初の段階で決めますが、当事者が決められたスケジュールに反して、書面提出期限の延長を求めたり、予定になかった書面の提出を認めるよう要求することがあります。こうした要求に安易に応じるような仲裁人を選任すると、期間が長引いて、費用が高くなってしまいます。案件管理能力があり、仲裁手続きを適切に指揮できる仲裁人を選任することが、費用の節約という観点からも重要です。

また、あまりに多忙な仲裁人を選任してしまうと、仲裁人のスケジュールが合わないためにヒアリングが何年も先になるという事態が起きてし

まいます。そこで、仲裁人を選ぶ場合には、その事件のために十分な時間を割けることを確認しておく必要があります。第5章で述べたとおり当事務所では、投資協定仲裁の仲裁人候補者のデュー・ディリジェンスでは、向こう3年間のスケジュールを確認するようにしています。

◆ 書面手続き段階での工夫

繰り返し述べてきたとおり、投資協定仲裁は、事案が複雑で、争われる金額も非常に高額になることが多いです。そのため、主張立証に時間をかけ過ぎる傾向もあります。必要な主張立証をするのは当然としても、主張書面の分量や提出回数をお互いに制限したり、証拠開示手続きを簡素化するなどの工夫が重要になります。仲裁手続きの審理計画は、通常、第1回期日に決めるので、その前に、十分戦略を練っておかなければなりません。

◆ ヒアリング段階での費用管理

ヒアリング（口頭審理）は、必ず行わなければならないというものではありません。しかし、仲裁人を説得したり、相手方の証拠に対して、仲裁人の前で直接反論する機会になるため、多くの事件でヒアリングが行われています。

ヒアリングには、仲裁人（3人）、代理人弁護士（双方数人）、事実証人・専門家証人、速記官や通訳者、会社の担当者など、多くの関係者が参加します。ヒアリング期日が長引けば、それだけ費用がかさみます。できるだけ短期間に集中して、効率的にヒアリングを進めることが費用の節約につながります。

まず、効率化の方法として、代理人による口頭での主張や証人尋問に時間制限を設ける方法があります。実務上よく使われる方法は、チェス・クロック方式と呼ばれるものです。これは、各当事者にヒアリングで使える合計時間を割り当て、その時間内で各当事者がそれぞれの証人の尋問時間を自由に割り振る方法です。そうすることで、ヒアリングの時間を制限することができます。

さらに、ヒアリングの場所も工夫することができます。ICSID仲裁の場合には、そもそも「仲裁地」の概念はありませんから、ヒアリングは、関係者に一番便利な場所で行うべきです。UNCITRAL仲裁のように仲裁地が定められている場合でも、ヒアリングを仲裁地で行う必要はありません。関係者に不便な場所でヒアリングを行うと、移動に時間が必要ですし、時差も考慮しなくてはなりません。事件ごとに関係者にとって最も便利で費用面でも効率の良い場所を選択することが重要です。

◆ 証人尋問での工夫

最後に、証人に関する費用を検討します。日本の訴訟の場合、1人の証人の尋問は、長くても数時間ですが、国際仲裁の場合、1人の証人に対して丸1日（6〜8時間）尋問したり、場合によっては何日間も尋問することがあります。その時間を短縮することは、費用の節約につながる重要なポイントになります。

一般的な方法としては、事前に証人の陳述書を提出し、主尋問は、作成者の確認など形式的なもので済ませます。証人の数が増えると、ヒアリング期間が延びるだけでなく、陳述書の準備や、反対尋問の準備にも時間と費用がかかります。したがって、できるだけ争点を絞って、証人の数を限定することが費用節約の観点からも重要になります。また同時に、争点、証人を絞ることで要点を突いた立証が可能になり、投資協定仲裁で主張立証責任を負う投資家にとって有効な戦略になることが多いのです。

第4節
Third Party Funding
──費用管理のための新たな選択肢

◆ Third Party Funding（TPF）とは

　費用を節約する方法は、第3節までで述べてきたとおりですが、ここでは、新しい費用管理手法として注目されている Third Party Funding（TPF）を紹介します。

　TPF とは、簡単にいうと、「専門ファンドが訴訟や仲裁の費用を成功報酬制で負担する」という仕組みです。「成功報酬制」ですから、利用者は、訴訟や仲裁で勝てば、得た金額の一部をファンドに払いますが、負けた場合には、費用を負担しないで済みます。TPF は、紛争の利害関係者ではない専門ファンドが費用を負担するところに特徴があります。敗訴のリスクは、ファンドが負担するわけです。そのため、ファンドにとっては、リスクに見合うだけの報酬が得られるか、勝てる事件の見極めが重要になります。この判断は、後述のデュー・ディリジェンスを通じて行います。

　資金供与の具体的な条件は、資金供与契約（funding agreement）で定めます。この契約では、弁護士費用や仲裁人報酬、仲裁機関の手数料、専門家証人の費用などファンドが負担する費用の範囲や限度額も定めます。和解など手続き上の重要な意思決定にファンドがどの程度関わるのかという点や、契約の解除事由などについても規定します。

◆ 誰が TPF を活用しているのか

　TPF が始まったのは、オーストラリアといわれ、請求権があっても資金がないために訴訟を提起できない個人や中小企業に資金を提供するところからスタートしました。今でもそのような使い方もあるのですが、

第4節 Third Party Funding――費用管理のための新たな選択肢

最近では、資金力がある大企業でも、訴訟や仲裁にかかる費用・リスクを管理するためにTPFを活用する例が増えています。特に、国際仲裁の分野ではTPFの利用が一般的になりつつあり、当事務所が扱う事件でもアジアを含む世界各国でTPFが使われることが多くなっています。そして、以下に述べるように、TPFの形態も変化しつつあります。

◆ 従来型のTPF

【図表 6 - 3 】 TPFの仕組み

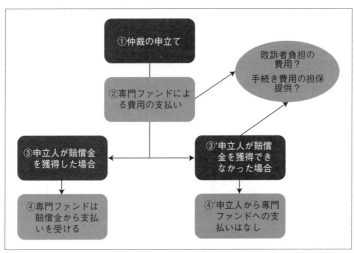

まず、従来型のTPFの仕組みを簡単に説明します（図表 6 - 3 ）。

投資協定仲裁を例に取ると、①TPFの利用者（投資家）が仲裁を申し立てると、②専門ファンドが、手続きの段階に応じて必要な費用を支払います。③仲裁判断が出て投資家が勝ち、賠償金を得ることができた場合には、④専門ファンドが賠償金の中から成功報酬を受け取ります。逆に、③'投資家が負けて、賠償金を得ることができなかった場合、④'専門ファンドが投資家に対して費用負担を求めることはありません。

図表 6 - 3 のうち、「敗訴者負担の費用」と「手続き費用の担保提供」

も資金提供の対象とするか否かは、交渉次第です。仲裁で負けた当事者に対して、相手方の弁護士費用や仲裁人の報酬（の一部）の負担が命じられることがあります。中には、敗訴者負担の費用の支払いが必要になった場合に、その費用を保険会社が負担するという保険に入っている専門ファンドもあります。そのような専門ファンドと契約する場合には、敗訴者負担分も専門ファンドに負担してもらえます。

　また、敗訴者に費用の負担が命じられる場合に備えて、仲裁廷から、一定の金額を担保として提供するよう命じられることがあります（「手続き費用の担保提供」）。資金供与契約ではこれを専門ファンドが負担するかどうかも決めておく必要があります。

◆ TPFの新たなモデル

【図表6-4】　TPFの新たなモデル

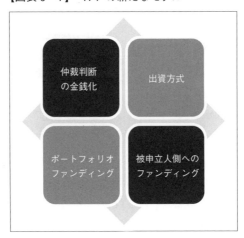

　TPFの世界も、専門ファンドが増えるにつれて、新たな仕組みが出てきています（図表6-4）。代表的なものとしては、「仲裁判断の金銭化」があります。これは、賠償を命じる仲裁判断が出て、まだ執行していない、つまり、仲裁判断が現金化していない段階で、専門ファンドに仲裁

判断に基づく権利を譲渡するものです。この場合は、賠償金が確実に回収できるのかは分からないので、一定のディスカウントをして専門ファンドが譲り受けます。

次は「出資方式」のTPFです。従来型のTPFと異なり、「出資方式」の場合、専門ファンドは、仲裁の申立人になる会社の「出資者」となります。申立人が仲裁で勝てば、株の価値が上がって専門ファンドが利益を得る、という仕組みです。「出資方式」は、従来型のTPFの活用の適法性に懸念がある場合などに利用されています。

さらに、「ポートフォリオファンディング」というものもあります。従来型のTPFは、いわば「1対1対応」の仕組み、つまり、「1仲裁1契約」です。ポートフォリオファンディングは、会社が抱える訴訟・仲裁全体をTPFの対象にするものです。有名なところでは、ブリティッシュテレコムグループが、係属している訴訟のすべてについて、アメリカのファンドから資金提供を受けたと報じられています。

また、TPFは、従来、基本的には申立人側、つまり仲裁に勝てば賠償金が得られる側、に対する資金提供でしたが、「被申立人側へのファンディング」も登場しています。たとえば、先ほどのポートフォリオファンディングの方式で、申立人になる事件も、被申立人になる事件もカバーするという例もあります。

◆ 専門ファンドによるデュー・ディリジェンス

専門ファンドは、資金を提供するに値する請求権か否かを判断するために、独自のデュー・ディリジェンスを行います。デュー・ディリジェンスでは、以下のような点が重視されます。

1つ目は予算で、弁護士費用や仲裁人費用など、仲裁手続に要する費用を検討します。

2つ目は、管轄の問題があるかどうかです。前述のとおり、管轄の問題が発生すると、本来の権利に関する主張立証の前に多くの時間と費用がかかります。管轄を先に判断する段階審理（bifurcation）が行われることになると、一層、時間と費用がかかります。専門ファンドは、管轄が

認められない可能性が高いと判断した場合には、資金提供に応じないこともあります。

3つ目は、立証方法が、書証（文書の証拠）が中心になるか、証人が中心になるかという点です。専門ファンドが好むのは、書証が中心の事件です。証人尋問は実際にやってみないと成功するかどうかの判断が難しいことが多いので、予め仲裁判断の帰趨を分析しやすい書証による立証が中心の案件の方が好まれるのです。

4つ目は、損害額です。専門ファンドにより方針は異なりますが、一般的には、「10：1ルール」と呼ばれる基準があります。それは、手続きに要する費用が1億円だとすると、資金を提供するには、損害賠償金としてその10倍の10億円以上が見込めることが必要ということです。

5つ目は、回収可能性です。仲裁で勝っても、相手方に資力がなければ賠償金を回収できないので、専門ファンドは消極的になります。ただし、投資協定仲裁の場合は、相手方が国家ですから、この点はあまり問題になりません。

最後は、手続きにかかる期間です。投資協定仲裁は、平均して、4年ほどかかりますが、前述のような、仲裁判断の取消しや執行などの手続きもあるので、これらに要する時間を含めて期間を検討します。たとえば、6年かかりそうだった事件が2年で終了したときは、成功報酬をディスカウントするというように期間に連動して報酬額を設定する場合もあるので、基準となる期間を決定するために必要になってきます。

◆ アジアにおける近時の動向──シンガポールと香港

TPFの活用は、国際仲裁の分野を中心に世界各地に広がっています。ここでは、シンガポールと香港の最近の動きを紹介します。

シンガポールでは、最近までTPFが違法とされていました。しかし、国を挙げて仲裁事件の誘致を進めているシンガポールは、仲裁地としての地位を一層強化するため、2017年、TPFを合法化しました。法改正からわずか数ヶ月で、複数の専門ファンドがシンガポールに事務所を開設し、仲裁事件に資金を提供し始めています。

【図表 6-5】 シンガポールにおける TPF

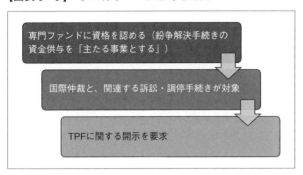

シンガポールにおける TPF 規制の特徴を 3 つに分けて説明します（図表 6-5）。まず、専門ファンドによる資金提供のみが認められ、銀行や大富豪が TPF を行うことはできません。仲裁案件を扱う弁護士が TPF を行うことも認められていません。2 つ目に、TPF を利用できる手続きは、国際仲裁と、国際仲裁に関連する裁判手続きまたは調停手続きです。仲裁に関連するシンガポールの裁判所での訴訟でも TPF を利用することができ、シンガポールの裁判所で国際仲裁の仲裁判断を執行する際にも、TPF を活用できます。

3 つ目は、弁護士に TPF に関する事実を開示する義務を課している点です。改正法は、紛争の当事者ではなく、弁護士の義務として、仲裁廷・裁判所と手続きの相手方に対して、TPF を利用している事実と資金を提供している専門ファンドの名称と所在地を開示するよう求めています。こうした義務を法律で導入したのは、シンガポールが最初といわれています。もっとも、資金提供の上限や勝利した場合の専門ファンドの報酬割合（たとえば、認容額の30%）などの具体的な契約条件の開示は求められていません。

【図表6-6】 香港における TPF

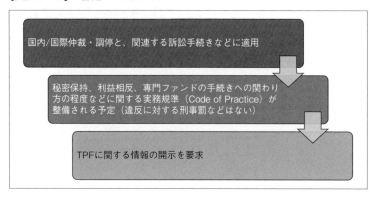

香港の制度も(図表6-6)、シンガポールの制度とよく似ています。利用できるのは、仲裁や調停で、関連する訴訟手続きなどでも利用できます。他方、TPFを利用している事実やファンドの名前などの開示は、TPFを利用する当事者の義務とされています。TPFの利用を合法化する法案は、2017年6月に可決されました。執筆時点では、まだ改正法は施行されていませんが、2018年中の施行が見込まれています。施行までには、TPFに関する実務規準(Code of Practice)も定められる予定です。

第5節
投資協定仲裁の課題と投資裁判所システム（ICS）

◆ 現行制度の課題

　ICSID仲裁が始まってから約半世紀が過ぎ、投資協定や仲裁制度の課題も指摘されています。まず、審理に時間がかかるという点です。仲裁判断が下されるまでには約4年かかります。最近は速くなっているといわれますが、仲裁判断の取消手続きや執行手続きまで含めるとかなり長い期間を要しています。

　仲裁人候補者は、多くが欧米系であり、多様性を求める声や、法解釈が投資家寄りであるという批判もあります。これは、申立人になることの多い欧米企業と、相手方になることの多い南米、旧共産圏の国々では、受け止め方が違うということでしょう。

　また、仲裁判断は、別の事件での仲裁判断を拘束しません。似たような事案でも、仲裁人によって異なる判断がなされることもあるため、予測可能性、法的安定性を欠く制度だという批判もあります。

◆ 投資協定やICSID仲裁の見直し

　投資協定仲裁に対する疑問が呈される中で、インドやインドネシアなどの国々が、個別の投資協定から離脱しています。また、「旧世代型」の投資協定の見直しの必要性も指摘されています。現在、全世界で発効済み投資協定の95％が2010年以前に締結された「旧世代型」の投資協定です。「旧世代型」の投資協定が、抽象的で広汎な権利保護の規定を定めていることが、仲裁判断における投資家寄りの結論を招き、また、例外規定が不十分なために、投資受入国の権利を不当に制約しているとして、投資協定を見直す時期に来ているともいわれます。

さらに、ICSIDに関しては、数多くの仲裁申立ての相手方とされてきたベネズエラやエクアドルなどがICSID条約から相次いで脱退しています。他方、ICSID仲裁の課題を克服しようと、ICSIDによる仲裁規則改正の動きも活発化しています。2017年5月には、ICSIDが、ICSID仲裁規則の改正方針を公表しました。パブリックコメントを踏まえ、16項目にわたって規則の改正が予定されています。2018年半ばに公表が見込まれる改正案には、TPFに関する扱いの整理や、費用負担ルールの明確化、手続きの透明性・効率性のさらなる向上などが盛り込まれる見通しです。

◆ 投資裁判所システム（ICS）構想

　投資仲裁とは別に、新たな紛争解決機関の創設に向けた動きもあります。EUは、ここ数年、投資協定交渉において、投資仲裁に代わる、常設の投資裁判所の設置を要求しています。たとえば、アメリカ・EU間のTTIP（環大西洋貿易投資パートナーシップ）、日本・EU間のEPAなどの交渉で導入を提唱しています。EU・ベトナム間のFTA、カナダ・EU間の包括的経済貿易協定（CETA）、EU・シンガポール間のFTAは、この導入を含めて署名に至りました。EUが求めている投資裁判所システム（Investment Court System：ICS）は、職業裁判官が判断する点に第1の特徴があります。事件ごとに当事者が判断権者を選ぶ仲裁と異なり、締約国が予め選任した職業裁判官が審理を担当します。仲裁は「1審限り」というのが特徴ですが、控訴審を設けて不服申立ての機会を与える点もICSの特徴です。

　2016年に調印されたカナダ・EU間の包括的経済貿易協定（CETA）では、ICSの制度が初めて導入されました。CETAのICSに関する条文は、図表6-7のとおりで、多国間の投資裁判所を設立すること、そして、控訴審を設置することなどが規定されています。ICSの導入だけでなく、例外規定が強化されていることなどの特徴もあり、「旧世代型」投資協定との対比で、CETAは「第2世代」の協定ともいわれます。CETAは、EU加盟国すべての批准が必要となる「混合協定」（mixed agreement）と

され、完全適用にはまだ時間がかかります。なお、2017年9月から一部、CETAが暫定適用されましたが、ICSは、暫定適用の対象からは除外されています。

【図表6-7】 CETA（抜粋）

> Article 8.29
> The Parties shall pursue with other trading partners *the establishment of a multilateral investment tribunal and appellate mechanism for the resolution of investment disputes*. Upon establishment of such a multilateral mechanism, the CETA Joint Committee shall adopt a decision providing that investment disputes under this Section will be decided pursuant to the multilateral mechanism and make appropriate transitional arrangements.

ICSは日本にとっても他人事ではありません。EUは、日本との交渉でもICSの導入を求めているからです。日本とEUは2018年7月、EPAの署名に至りましたが、ICSなど投資紛争に関する部分については同協定から切り離され、投資保護とともに、別途協議されることになりました。ICSの導入については、引き続き、協議の行方を見守る必要があります。

◆ ICS は投資紛争の解決手段の未来か

このようにEUは、各国との投資協定交渉でICSの導入を求めていますが、ICSへの疑問の声も挙がっています。紛争解決手続きの改善が必要なのであれば、50年以上の実績のあるICSIDの手続きを見直す方が現実的だと指摘されています。投資裁判所の手続きが投資仲裁より速いという保証はなく、控訴審もあるということになれば、決着までに多くの時間と費用を要するともいわれています。

また、ICSの裁判官をどのように選ぶのか、多様性は確保できるのかという点も関心を呼んでいます。

執行の問題もあります。仲裁判断は、ICSID条約やニューヨーク条約により執行できますが、投資裁判所の判断が、「仲裁判断」としてニュー

ヨーク条約に基づいて執行される保障はないからです。執行する各国の裁判所が、投資裁判所の判断を「判決」として扱うのかどうかも明らかではありません。

第5節　投資協定仲裁の課題と投資裁判所システム（ICS）

投資協定と仲裁 Q&A

Question　TPF の活用と専門ファンドの関与

　TPF を活用すると、手続きを進めるうえで逐一、専門ファンドの承認をとらなくてはならないのでしょうか？

Answer

　TPF を行っている専門ファンドには様々なタイプがあるので、専門ファンドの方針によって、仲裁手続きへの関与の程度は大きく異なります。どの程度関与するかは、通常、資金供与契約の中で定めます。手続きに細かく関与することを求める専門ファンドの場合は、和解などの重要な意思決定について事前承認を求めるほかにも、主張書面の提出前にレビューの機会を要求することもあります。専門ファンドによっては、ヒアリングへの出席を要請することもあります。逆に、手続きには極力関与しない方針の専門ファンドも存在します。そのような専門ファンドでは、手続きの進行状況について定期的な報告を求めるにとどまる場合もあります。

　投資協定仲裁の場合、手続きは数年かかることが多いので、専門ファンドとの付き合いもそれだけ長くなります。TPF を活用する際には、それぞれの専門ファンドの特性・方針を十分理解し、最善のパートナーをみつけることが重要です。

おわりに

◆ 加速する海外直接投資とそのリスク

　日本企業の海外投資が加速しています。リーマンショックで減ったものの、その後急速に回復し、2017年には、18兆円もの資金が海外企業の買収に投じられました。少子高齢化で国内市場の拡大が難しい以上、成長を図る企業が海外に目を向けるのは当然のことで、日本企業の海外投資が今後ますます活発になるのは必至です。

　しかし、せっかく海外に投資してみたものの、「投資先の企業に隠れた損失があった」とか、「投資先の企業と紛争に巻き込まれた」などにより、巨額の損失を計上したり、撤退するという例が少なくありません。損失は出ないまでも、総じて、日本企業の海外投資は、あまり成果があがっているとはいいがたいのが実情です。日本企業は、「海外投資下手」といっても過言ではないでしょう。「海外での事業に失敗した」といっても、「商売が失敗した」というのであれば、それは投資した企業の責任です。しかし、投資先の国が、政治的な思惑などで、一方的に企業が投資した財産を奪うということになれば、話は別です。また、「企業の投資」といっても、広い意味では、「国富」です。国民の貴重な財産が、不当に奪われるのを放置することはできません。

◆ 投資を守る武器となる投資協定

　私は、数年前、日本企業のコンソーシアムと東南アジアの某国との紛争案件を取り扱ったことがあります。詳しいことは説明できませんが、日本企業の投資が、不当に奪われようとしていました。この紛争で、日本企業を守る武器になったのが、投資協定です。日本と投資先の国の間に投資協定が結ばれていて、不当な取扱いに対しては、仲裁を申し立てることができることになっていました。私たちは、仲裁申立書を作成し

たうえで、最終交渉に臨みました。そして、ぎりぎりの交渉の結果、日本側が満足できる回答を引き出すことができて、交渉は決着しました。外国の政府を相手に仲裁を申し立てることは、どの国の企業にとっても一大事です。ましてや、公の紛争を好まない日本企業の場合はなおさらです。しかし、実際に仲裁を申し立てるところまでいかないとしても、「仲裁を申し立てることができる」ということが交渉のうえでは大きな武器となるのです。したがって、これから海外への投資を検討する際には、投資協定による保護を受けられるようにしておくことが極めて重要です。

◆ 仲裁実務の基礎から将来展望まで

本書は、国際投資仲裁の分野では高い評価を受けている Freshfields の知識と経験を生かして、仲裁実務の基礎から手続きの詳細までを説明しています。さらには、近年利用が増えている仲裁費用のファンドや仲裁に代わる国際商事裁判所の展望までを語っています。

本書が、海外への直接投資を行っている企業、あるいはこれから海外投資を検討しようとしている企業の皆様のお役に立つことを願っております。

2018年7月

弁護士　山 川 亜 紀 子

●事務所紹介●

フレッシュフィールズブルックハウスデリンガー
　1743年創立、16カ国27都市に総勢2,700人以上の弁護士を擁する世界最大級の法律事務所。多数の国際仲裁案件を取り扱っている。日本企業が関係する国際仲裁も多数取り扱っており、日本企業の投資協定仲裁事件としては唯一の公表事例である野村證券子会社とチェコ共和国との仲裁案件でも野村證券側を代理した。国際仲裁の分野で毎年多数の賞を受賞し、この分野の権威ある雑誌であるGlobal Arbitration Reviewのランキングでは、2008年から現在（2018年）までの11年間で8回世界1位を獲得。

よくわかる投資協定と仲裁

2018年11月5日　初版第1刷発行

編　　者	フレッシュフィールズブルックハウスデリンガー法律事務所
発 行 者	小　宮　慶　太
発 行 所	株式会社　商　事　法　務

〒103-0025　東京都中央区日本橋茅場町3-9-10
TEL 03-5614-5643・FAX 03-3664-8844〔営業部〕
TEL 03-5614-5649〔書籍出版部〕
http://www.shojihomu.co.jp/

落丁・乱丁本はお取り替えいたします。
© 2018 フレッシュフィールズブルックハウスデリンガー法律事務所

印刷／中和印刷㈱
Printed in Japan

Shojihomu Co., Ltd.
ISBN978-4-7857-2670-6
※定価はカバーに表示してあります。

JCOPY＜出版者著作権管理機構　委託出版物＞
本書の無断複製は著作権法上での例外を除き禁じられています。複製される場合は、そのつど事前に、出版者著作権管理機構（電話 03-3513-6969、FAX 03-3513-6979、e-mail: info@jcopy.or.jp）の許諾を得てください。